Love, Patience and Support

아내의 사랑과 도움 없었으면 지난 50 년 못 살았을 것 알며 변변치 못한 글이나마
우리 결혼 50 주년 기념일에 이 책을 아내에게 선사한다.

10. 19. 2024

작가 소개

구성열 작가는 6.25 전쟁의 참화를 몸소 겪은 세대입니다. 폐허 속에서도 자유를 지켜낸 이 경험은 그의 삶을 이끄는 나침반이 되었고, 시간이 흐를수록 커진 감사의 마음은 결국 행동이 되었습니다. 그와 아내는 미국 전역을 70,000 마일 이상 달리며, 한국전에서 목숨을 바친 젊은 미군 병사들의 고향 학교들을 찾아가 도서관에 기증했습니다. 그 여정은 단순한 여행이 아닌, 기억과 위로, 그리고 감사의 기록입니다.

"자유를 위해 낯선 나라에 와서 생명을 바친 미국의 젊은이들의 희생이 없었다면, 오늘의 대한민국도, 저희 삶도 존재하지 않았을 것을 잊지않고 갚는다는 생각에 625 Foundation 을 설립하였고, 전사한 군인들의 고향에 있는 초등학교 도서관에 책과 도서관 지원금과 소박한 명패를 헌정하는 기념을 학생들과 함께 하고있다." 고 주저없이 말합니다.

그의 글에는 사람과 장소에 대한 애정, 그리고 음식과 음악, 예술과 여행에 대한 열린 감각이 살아 있습니다. 페르샤 거리에서 양고기를 나누던 저녁, 리옹의 보쿠스씨께서 요리해준 12 코스 프렌치 디너, 해 질 무렵의 와인과 만남—모든 음식은 기억이 되었고, 그는 말합니다. "음식은 분위기다." 그 분위기 안엔 사람이 있고, 이야기가 있고, 삶이 있습니다.

"50 Short Stories" 에는 또 하나의 사랑이 담겨 있습니다—골프. 그는 1965 년 카이로에서 처음 골프를 배웠고, 40 년 넘게 롱아일랜드의 한 클럽에서 자신의 '룰'을 지키며 골프를 즐겼습니다. 골프는 그에게 단지 스포츠가 아니라, 인생의 은유이자 사색의 통로였습니다. 그 안에서 그는 인연을 만들고, 추억을 쌓고, 친구를 떠나보내며 시간을 기록했습니다.

그리고 무엇보다, 이 책은 '기억'에 대한 헌사입니다.
'이 얘기, 저 얘기'를 담담히 풀어내며 그는 독자에게 말합니다:
"추억은 나만의 것이 아니고, 당신의 것이기도 합니다. 우리 모두의 것이기도 하지요."

그의 짧은 이야기들은 어느새 긴 울림이 되어 독자의 마음에 닿습니다.
이 책은 한 사람의 삶을 넘어, 시대를 살고, 기억하고, 감사하며 나누는 삶의 인문학입니다.

1965 년 연세대 사학과 졸업 후 일찌기 유럽과 이집트 여행을 시작한 구성열은 서울대 미대를 졸업한 김창화와 1974 년 뉴욕에서 만나 결혼하여 딸 둘과 손자 하나, 손녀 셋을 두고, 맨해튼과 버몬트 주에서 거주하고 있습니다. 뉴욕 메트로폴리탄 박물관에서 한국어 안내 프로그램을 시작하여 35 년을 봉사해온 부인과 함께 인류문화 답사 여행을 꾸준히 하면서 함께 틈틈이 스켓치하고 시를 써왔습니다.

길이 된 삶

많은 여정이 그렇듯,
이 길도 호기심에서 시작되었습니다.

어느 날은 가슴속에서 불쑥 올라온 질문,
또 어느 날은 좁은 길에서 잘못 든 발걸음 하나.

발음조차 하기힘든 나라의 작은 기차역,
어둠 속에서 살짝 당기는 물고기의 손길,
혹은 한 잔의 커피와,
그 속에 이야기를 품은 눈빛,
그게 시작이 되기도 했습니다.

수십년 동안,
아내 창화와 함께
손에는 지도,
주머니에는 역사를 품고 세상을 걸었습니다.

신의 사도와 제국의 황제, 상인과 예술가,
그리고 언젠가 파리 카페 냅킨 뒷면에 인용될 줄도 모르고
세상을 떠난 옛 시인들의 길을 따라갔습니다.

킬리만자로를 올랐고,
나일강의 발원지를 찾아 거슬러 올라갔습니다.

다마스커스의 '곧은 길' 길에 서서
사울이 바울로 태어난 그 자리를 밟았습니다.

장화를 신고 물에 잠긴 베니스를 걸었고,
카이로의 오래된 바자 골목에서 후카를 피웠습니다.

아리조나에서는
처음으로 한국 이야기를 읽는 아이들의 목소리를 들었고,
고대 수도원의 고요 속에 귀를 기울였으며,
타클라마칸 사막에서 불어오는 바람을 들었습니다.

때로 여행은 기억에 관한 것이었고,
때로는 음식에 관한 것이었으며,
또 때로는 그저
다음 언덕 너머에 무엇이 있는지 알고 싶은 마음이었습니다.

이 책은 기록이 아닙니다.
역사도 아닙니다.

웃기기도 하고,
슬프기도 하지만,
모두 진심에서 비롯된
50 편의 짧은 이야기입니다.

길 위에서 그린 스케치,
아직도 걷고,
듣고,
궁금해하는 사람의 기록입니다.

여기에는 순서가 없습니다.
사람과 장소,
그리고 가끔은 완벽했던 한 끼의 흔적만이 있을 뿐입니다.

이 페이지들에서 당신의 모습을 발견하신다면,
우리는 이미 만난 것입니다.

그러니
커피 한 잔,
혹은 한 잔의 술을 따르시고,
서두르지 말고 천천히 읽어주십시오.

길은, 인생처럼,
서두르라고 있는 것이 아니니까요.

자,
시작합니다. 뽈레 뽈레.

목차

걸음은 늦어지지만,

여기저기 흩트려 놨던 메모와 기억에 나는 이야기를 합쳐 엮어봤습니다. 한 노부부의
인생담이라 생각하시고 읽어봐 주시면 감사하겠습니다.
70 이 됐을 때 참 많이 오래 살았다 했는데, 그 이후 십년을 더 살면서 일을 더 늘려
놓았으니 한심하다 하면서도 더 더 늘려놓고 있습니다.
Miles to go, Before I sleep.
Frost 의 시 대로 언제 정리할 시간을 찾아야겠는데 말입니다.
마일을 많이 더 없어야겠습니다.
어찌보면 사는게 벌려놓는 것 아닌가 합니다. 벌려 놓았으니 살도록 노력해야지요.

오늘도 마음 놓고 달린다.
멀리 보이는 산을 향해
이제 무얼 할까?
앞으로 내 인생 생각해본다.
내 나이 80
이제 무얼 할까?
저 멀리 보이는 산을 향해
아내와 둘이서
스케치북과 연필 끼고
마후라 감고
오늘도 마음 놓고 달린다.
지붕 내리고
저 멀리 보이는 산을 향해.

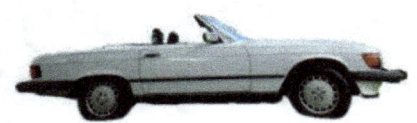

옛 영화 Gigi (1958), The Sun Also Rises (1957), To Catch a Thief (1955) 들 가끔 보는데 영화장면에 점심 먹는 분위기들이 멋있어 세계 어느 곳에 가던지 바깥에 앉아봅니다.

음식은 분위기가 중요하겠지요.
말복 더위에 냉면집에 가서 훌훌 드리키는 시원한 냉면
야외에서 불 피우고 구워 먹는 BBQ
한옥 주막에서 주는 동동주와 향토음식
민들레 잎사귀로 스파게티 쏘쓰 만들어 평상 위에 앉아 와인과 같이…

뭐 끝이 없지요

한 두 군데 생각나는 곳 얘기해 볼까요?

우리는 파리에 가면 오전에 호텔 체크인하고 로부숑 식당에 가서 육회와 와인 한 잔으로 점심을 즐겼을 때가 있네요. 한 번은 카운터에 앉아 와인 마시다 옆에 앉아 있는 친구와 얘기가 시작돼 먹는 이 얘기 저 얘기하다가 이 친구가 우리 보고 보쿠스 (Paul Bocuse) 식당에 가 봤냐 묻는군요. 보쿠스가 누군지모른다 했더니 보쿠스는 불란서에서 남바완 쉐프이며, 미셸린 스타의 원조고, 그의 음식을 먹어봐야 진짜 불란서음식을 아는거라하니, 어쩌겠어요, 차를 빌려 리용으로 갔지요.

그렇게 거기 가서 진수라는 12 코스 불란서
음식을, 나는 와인 페어링으로 먹고, 또
보쿠스씨와 사진도 찍고, 아 이게 불란서
궁중음식이구나 하고 경험했지요.

얼마 후 보쿠스씨 돌아가시구. 우리에게 남은건
리용 벼룩시장에서 산 고물 타자기. 책상에
올려논 이 타자기를 볼때마다 보쿠스씨의 12
코스 음식이 생각나네요.

한 얘기만 더.

서울 떠난 후 25 년 만에 고향 서울 다시 찾아
롯데 호텔에 체크인 하고서 바로 나가 시내
구경하며 걷다보니 종로 로 나왔는 데, 거기
행길거리에 어떤 아줌마가 조그만 상에 이것저것
놓고 도마에서 큰 생굴을 열어 둘러앉은 사람들한테
썰어주기에 보니 대학생들 같았어요.

Paul Bocuse 씨와

9

같이 자리잡고 앉아 어울려 생굴 즐기고, 젊은 친구들 쏘주 사주고, 맛있게 잘 먹고 놀다 호텔로 오니 메쎄지가 잔뜩. 뉴욕 촌놈이 길 잃었다 걱정들 했는지. 길바닥에서 생굴 먹은 애기를 해주니 깜짝들 놀라며 그런데서 절대 먹으면 안된다구요.
그래도 난 이 기억을 잊지 못해 한국에 갈 때마다 길가 주막 아니면 포장마차에 주저 않지요.

그 외에 생각나는 것은 사의제에서 정약용 다운 조촐한 차림표의 나물과 동동주 먹은 것, 완도에서 부두 앞에 앉아 먹은 뭔지 처음보는 생선회, 사천포에서 아침 식사 대신 어부 할머니가 막 잡아온 멍게를 한가득 접시에 담아 줘 할머니 집 초고추장에 찍으며 서서 먹던 생각이 납니다.

이곳저곳 쏘아 다니다 유별나게 기억에 남는 음식이나 색다른 장소에 얽힌 맛, 또는 마음에 남는 사람들과 같이 한 음식 경험을 나누려합니다.

강원도 사천포 진리항

멍게 썰어주시는 할머니

Bosra (보스라) 점심

1998 년 부터 시리아에 몇 번 다녀온 후 자신이 생겨 이제 대학을 졸업한 두 딸, 또 집사람과 고대근동 (Ancient Near Eastern) 문명의 자취를 찾았다. 그 이후 ISIS 가 파괴하고 터키가 폭격해 이제 얼마나 아름다운 유적들이 제대로 남아있는지 안타깝기만 하다.

식구 넷이서 제일 잘 알려져있는 아파메아, 알렢포, Dead Cities, 팔미라, 다마스커스를 다 구경하고, 다마스커스 친구들과 하루 시간을 내 보스라로 내려갔다. 거의 한 시간쯤 가니 눈이 침침해지는 듯하여 둘러보니 일대의 땅과 돌 등 경치가 온통 검은 색이다. 오래전 화산이 터져 검은 화산석으로 덮인 까닭이었다. 보스라 중심광장에 선지자 모하멭이 (그에게 평화를) 이곳에 들렸었을 때 그가 타던 말이 매여 있던 돌기둥이 그대로 남아있고 돌기둥 뒤에 모스크가 있다.

기원전 14 세기부터 있었던 보스라는 Phoenicians, Nabateans, Romans, Byzantines, Umayyads, 여러 문화를 거치며 교역의 중심지 역활을 했었다. 이 곳에 2 세기에 지은 반원형 극장(Amphitheater)은 로마 다음으로 규모가 가장 클 뿐 아니라 화산석으로 육중히 지어져 보존상태가 으뜸이었다. 무대의 배경 벽은 3 층으로 되었고, 각 층마다 흰 대리석 코린트식 기둥들이 늘어서서 검은 화산석 건축과 대조되어 대단히 아름다웠을 것이 짐작되는데, 지금은 대리석 기둥들은 많이 손실되었다. 이 반원형극장은 후에 외벽이 12 세기 십자군 성곽으로 육중하게 덧붙여 둘러쌓아 손상되지 않고 보전 되어있다.

점심때가 되 반원형극장과 성곽 꼭대기에 작은 간이점이 하나 있어 먹을 것 있나 찾으니 주인이 잠시 기다리라 한다. 어느새 큰 상과 의자들을 전시된 조각들 한 켠에 차리고 동네에서 음식을 가져다 진수성찬을 가득 차려 놨다. 이 막대한 로마 유적 위의 넓고 편편한 장소는 옛날에는 말들과 전차들을 놨었는지 모르지만 지금은 조각들이 띄엄띄엄 전시되있는 야외 박물관이다. 전시장에서 점심상 한 가득 받아 편안히 앉아 천천이 먹으며 조각들 보고 있으니 무슨 나바티안이 된 기분이다. 사례를 하려하니 막무간이다. 이런 친절한 경험 시리아에서 여러 번 체험했다.

성곽 밖에 유적들이 많은데 특히 눈에 띄는 것은 나바티안 문과 비잔틴 교회가 아름답고 마음에 든다. 주민들은 유적들을 기둥으로 집을 한두 칸씩 지어 사는 참 정다운 곳이다. 시리아에는 유대인 유래 Lachmagine 이라고 고기를 얹은 작은 피짜를 큰 화로에 구어 파는데 고소하고, 양이 많지 않아 점심이나 스낵으로 최고다.

전쟁이 끝나면 꼭 다시 가보겠다구 벼르고 있다

Bosra Coliseum

Cross Bridge Rice Noodle 아내의 정성

여러 해 전 Netherland 의 The Hague 에 갔다 박물관이 닫쳐 못 본 Vermeer 의 Girl with a Pearl Earring 을 The Frick 박물관의 특별전시에서 보고 Met Museum 으로 걸어가는 도중 ambulance 가 앞에 서기에 구경해보니 늙은 분을 거니에 실고 빌딩으로 들어간다. Ambulance 가 오면 대부분 병원으로 가는데 아마 세상 떠나려 집으로 오나 여겨져 그림을 즐겼던 기분이 없어진다. Fifth Ave mansion 에 살든지 homeless shelter 에 살든지 죽음의 messenger 가 문 앞에 와 있는데 어쩔 수 있겠나? Messenger 가 오기 전 해보구 싶었던 일들, 해야 될 일들 꼭 해야지 생각해 본다.

우리 부부는 남들에 비해 보통 많이들 안가는 곳을 여행하는 편이다. 인류의 문명지, 고대 교역지들을 찾아 다니면 후진 시설에 불편할 때도 많지만 보는 것, 먹는 것, 동네사람들 만나는 재미로 쉽게 불편함을 잊게 된다. 허나 진짜 재미는 여행 계획 자체다. 목적하는 길을 선택해 역사를 다시 드려다 보고, 그 길에 있는 마을들 하나하나 연구해보고, 숙소를 찾아보고, 교통편을 마련하고, 식당들을 정해 놓으면 꼭 간 기분이다. 이렇게 계획들은 점점 많아지는데, 다 가볼 여유는 점점 줄어들고.

Turkmenistan 에 Merv 라는 문화가 찬란한 도시가 있었는데 몽골 들이 백 몇만을 죽이고 도시는 폐허로 만들어 지금 가면 옛을 상상하기조차 힘들다. 그런가 하면 몽고 후예들이 이슬람이 된 후 무갈로서 인도에 와 찬란한 문화를 이룩한다. 돌고 도는 세계? Alexander 가 Persia 를 보복한다고 쑥밭으로 만들었지만 그 이후 Seleucid 와 Parthia, Sassanian 의 문화가 일어난다. 나라가 나라를, 문화가 더 위대한 문화를 이뤄내는 예들은 많지만 우리 이웃 같은 예외도 있다.

Ambulance 를 떠나 Met 에 신라 특별전시에 왔다. 그 정교한 신라 미술품들의 아름다움을 보면서도 만주까지 진출했던 고구려, 광개토대왕의 비와 무덤의 벽화를 잊을 수가 없다. 남북으로 갈린 한국. 남북이 통일하면 또 신라가 될까?

우리는 여러 길들을 찾아봤다. Camino de Santiago, Byzantine Road, Mosaic Road, 미국의 여러 trail 들, Silk Road, Africa Trade Road, Traces of Alphabet, 동동주 Road, Slave Road, 윤동주와 윤선도 Road, 등등등.

오래 궁리해오던 티베트 여행을 2014 년에 큰 마음먹고 오하이오에 사는 절친한 친구 이영세 부부와 함께 Tibet 과 Tea and Horse Road 를 따라 옛사람들의 길을 찾아가 보았다. 이 길은 Luoyang 에서 시작해 Kathmandu 에서 끝난다. 당나라 전부터 중국 Yunan 과 Sichuan 에서 차, 설탕, 소금을 가지고 caravan 들이 Tibetan Plateau 로 건너가고 돌아올 때는 산에서 나는 각종 물품, 중국이 탐내는 힘이 센 말들을 가져왔다. 차와 말의 교역 외에 이 길은 순례자들이 걷는 성스러운 길이기도 하다.

Xining 에 잘 알려진 삶은 양고기 저녁을 배불리 맛있게 먹고 밤 기차로 Lhasa 로 향했다. 아침이 되니 끝없는 광야가 보이며 먼산에는 눈이 덮여있고 가운데로 강들이 흐르는 보기 드문 경치다. Tibet 에 들어서며 경치에 반해 하마터면 히말라야까지 갈 뻔했다.

한번은 tollgate 에 도착하니 차들이 길 옆에 쭉 서있고 우리 차도 그 뒤에 서기에 왜 그러냐 물었더니 이 tollgate 은 거리와 시간을 재기 때문에 너무 빨리 gate 에 가면 과속 벌금을 낸다 해 웃을 수밖에.

Tibet 을 경험하구 차로 Yunan 으로 왔다. Shangri La 를 통하고 Kunming 까지 오면서 여정을 짤 때 읽고 기억했던 많은 마을들을 방문했다 – Lijiang, Dali, Xizou, Baisha, Shuhe. 그리고 호랑이 도약 협곡 (Tiger Leaping Gorge)의 장엄한 두 산 사이로 흐르는 강은 양자강이 되 상하이까지 간다.

화이트 워터 테라스, 시바오 언덕, 돌 숲, 제이드 드래곤 산의 눈, 시간과 관광객들의 손길이 닿지 않은 아름다운 옛 마을들. 그들의 전통 예술과 수공예품은 여전히 변하지 않고 잘 보전이 되어있었다. 타이 다이, 바틱, 실크 자수, 은과 목 공예, 그리고 여러 동물의 신선한 고기 (fresh meat) 와 모든 색과 모양의 과일을 볼 수 있는 활기찬 시장들 보며 시주에 왔다.

Shaxi by Changwha Koo

시주 (Xizhou)는 1287 년에 마르코 폴로가 와서 피자 만드는 법을 보여준 곳이다. 그 전에는 납작한 빵 속에 돼지고기를 채우고 구었는데, 완전히 익었는지 아닌지 알기가 힘들었다. 이곳은 또 마르코가 스파게티의 기원인 국수를 배운 곳이기도 하다. 일부 학자들은 Marco Polo 가 상상인물이라 말하지만 이곳에 와 살아있는 증거를 보면 터무니없는 주장이다.

실크로드와 차와 말의 교역길이 교차하는 도시인 Shaxi 와 Xizhou 는 그 이후 시간이 멈춘 낭만적인 마을들이다. 우리는 소수 민족의 이야기도 배웠다. 나시족, 이족, 바이족, 사니족, 후이족. 그리고 그들의 평화롭고 부드러운 음악과 춤, 그리고 음식! 세상에 이리 많아!

삶은 양고기와 야크 고기,
입이 불타는 매운냄비,
크로스 브릿지 쌀국수.
국수와 국수 그리고 국수.
그리고 만두 만두 만두.

내가 가장 좋아하는 것은 물론 만두. 크고 작은 모든 시장에는 갓 찐 군침이 도는 만두가 있다. 최고 만두라고 불리는 것이 있다면, 확실히 Shangri-La 에 Canger Chop House 다. 큰 길거리에 있는 이 가게는 운전수들의 단골집이다. 참지못해 하나 얻어먹었지요.

하지만 오늘은 재미있는 얘기가 있는 국수 요리를 골랐다.

"옛날에 정부 시험이 있었을 때 시험에 몇 번 떨어진 남편은 공부에 집중하겠다고 근처 섬으로 갔다. 그래서 아내는 매일 음식을 준비하고 다리를 건너 남편에게 가져다줬다. 그러며 매일 그녀는 잘 싸간 음식이 차가워져서 매번 눈물을 흘렸다. 이러다 어느 날 아내는 쌀국수, 야채, 다진 고기와 함께 닭국 (chicken soup)을 만들어 섬에 도착하니 닭국이 여전히 따뜻하다는 것을 보고 놀랐다. 기뻐서 그녀는 쌀국수와 나머지를 국에 넣고 남편에게 따뜻한 식사를 제공했다."

이것이 크로스 브릿지 쌀국수의 기원이다. 그녀의 남편이 시험에 합격했는지는 아무도
모른다 해, 난 사랑하는 아내가 매일 가져다주는 음식, 거기에 따끈한 국수를 먹으며
공부를 열심히 했을 테니 꼭 붙었을 거다 얘기해주니 모두들 틀림없을 거다 하며
좋아들한다. 여기서 외국인 거리를 걸어 내려가면 중국이 많이 발전한 것을 볼 수 있다.

요리방법

준비:
원하는 종류의 뜨거운 뚝배기 수프나 국물
재료: 다진 중국 야채, 작은 큐브 모양의 두부, 숙주나물, 버섯, 은행 등
선택 가능한 고기
쌀국수

요리:
1. 국물을 끓입니다.
2. 재료를 순서대로 넣습니다. 먼저 중국 야채를 넣습니다.
3. 다시 끓기 시작하면 숙주나물을 넣습니다.
4. 2 분 정도 더 끓인 후 바로 서빙 합니다.

뉴욕 판
Town 에 7 번가와 8 번가 사이의 60 스트릿에 있는 Mengziyuan Yunnan Cross-bridge
Rice Noodles 을 가보기로 했다. 이 동네는 모두 중국인들이라 요리에 잘 어울린다.
우리는 닭고기와 해산물을 주문하니 waitress 가 작은 칸에 각각 재료가 담긴 상자를
가져와 함께 그것들을 그릇에 넣고 우리가 국수를 섞는다. 국수를 어찌 많이 주는지 반만
넣고 슬슬 저으며 먹으니 유난에 온 기분이다.

맛도 있었지만 뉴욕에서 찾아볼 수 없는 값, 1 인당 $9.95 이라 더 맛이 있었던 것 같다.

유난

다양한 민족들이 그들의 기술과 전통을 유지하면서 조화롭게 사는 행복한 유난.

16

마을을 걸어 다니면 문과 벽에 이 글자를 자주 볼 수 있다. 복 福. 왼쪽은 사슴, 오른쪽은 longevity, purity, and peace 를 상징하는 두루미, 세 번째 부분은 들이다.
모두 합쳐 행복!

UNESCO Heritage Site 인 Lijiang 마을에서 가까운 Naxi 마을 바이샤에 300 년이 걸렸다는 벽화가있다. Lijiang 벽화 중 대표적인 바이샤 벽화는 다바오지 궁전과 사원 안에 있다. 벽화 내의 독창성과 인물은 불교, 라마교, 도교 및 지역 나시 동바 종교가 나시 학교로 발전한 다양한 종교 문화와 예술적 형태를 반영한다.

바로 밖에는 500 년 된 은행나무가 있다. 그 은행 나뭇잎은 종종 지역 예술가들의 주제가 된다. 나도 잎사귀 몇 개 주어왔다. 그래서인지 옆 민속 예술전시장에 은행나무 잎 모양 테두리안에 4 계절을 묘사한 자수가 마음에 들어 샀더니 이쁘게 포장해 집으로 보내왔다. 나주 금성관에 오래된 은행나무 두 구루가 있는데 둘 다 600 년이 지난 나무들이었던 것이 생각났다.

사진찍지 못하는 벽화 모르고 찰칵

우리가 다리에서 쉬고 있는데 늙은 승려가 지나다 나를 본다. 잠시 후 무언가를 말하고떠났다. 우리 가이드 말은 그 승려는 내가 99 세까지 편안하게 살 것이라고 말했다고. 미안해 공양을 드리려 했는데 망무간. 천천이 떠나는 승려에게 감사의 인사만 드렸다.

고맙지만 그리 오래 살구싶을까?

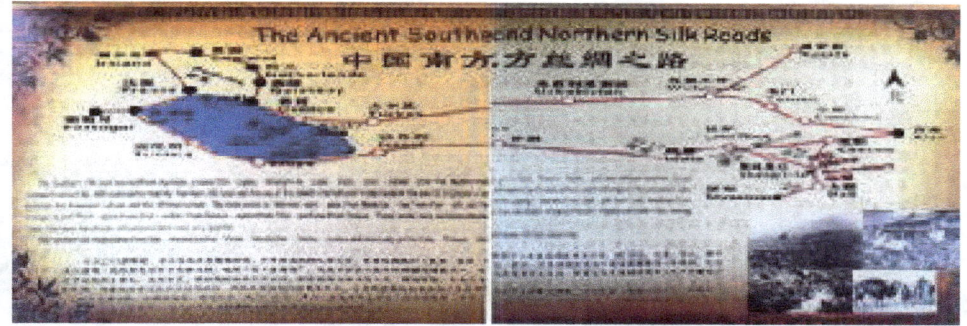

	클레어 리 첸노 (미국 1893-1958) 중장, 플라잉 타이거스사령관. "히말라야 산기슭에 살고 있는 나시 사람들은 매우 용감하고, 대담하며, 친절하고 도움이 된다. 그 여성들은 그의 일기에 있는 실크 자수라는 수공예품으로 매우 유명하다.
	조셉 록(미국 1884-1962)은 그의 작품 <<중국 남서부의 고대 나시 왕국>>에서 다음과 같이 썼다: 제이드 드래곤 스노우 마운틴의 산기슭에 사는 나시 사람들은 수제 실크 자수를 매우 잘한다. 특히 바이샤에서는 달리, 티베트, 쿤밍, 버마, 라오스, 베트남에서 온 수백 명의 상인들이 매일 나시 도매업자로부터 나시 수제 자수를 구매하기 위해 왔고, 그곳에서 찾을 수 있었다."

The Flying Tigers

1941 년부터 1942 년까지 중국 공군의 첫 번째 미국 자원 그룹(AVG)인 플라잉 타이거스는 미국 육군 항공대, 해군, 해병대의 조종사로 구성되었으며, 대통령 권한 하에 모집되고 클레어 리 첸노가 지휘했다. 그 그룹은 진주만 12 일 후인 1941 년 12 월 20 일에 처음으로 전투를 보았다. 그것은 미국의 뉴스가 일본군의 손에 패배한 이야기로 가득 찼을 때 혁신적인 전술적 승리를 보여주었고, 미국과 연합군 모두 전쟁의 가장 전력이 낮은 기간 동안 미국이 결국 일본을 물리칠 수 있다는 희망을 줄 정도로 주목할 만한 성공을 거두었다. 플라잉 타이거스의 마지막 전투 임무는 1942 년 7 월 4 일 해산된 날 Hengyang 전투에서 AVG 손실 없이 네 대의 Ki-27 을 격추시켰다.

P-40 Warhawk, U.S. Air Force National Museum

18

Dost Chicken Barost (Harappan Chicken)
Sahiwal, Sahiwal District, Punjab 57000, Pakistan

2010 년 5 월, 우리 둘은 터키, 레바논, 시리아를 거처 중앙 아시아 Uzbekistan 으로 가는 도중 파키스탄으로 왔다. 파키스탄은 처음 오는데, 먼저 시내에서 작은 오도바이에 셋은 기본이고 네 명까지 타고, 트럭들은 짐을 잔뜩 실었는데 트럭의 두 세 배 높이인 게 눈에 띈다.

온 목적은 Indus 문화를 보려 해서다. Karachi 에 있으면서 하루는 신비스러운 Mohenjo Daro 를 구경하는데 너무 더워 집사람은 까무러칠 뻔했다. 원래 Indus 강이 Mohenjo Daro 앞으로 지났는데 몇 천년이 지나니 저 앞으로 가버렸다. 그래도 손을 Indus 에 담궈보러 강으로 가니 꼬마들이 물에서 동물들과 같이 놀고 있다. 오 천년 전에도 이랬겠지?
집에 가서 Indus 아이들한테 스케치북을 보내주겠다 했는데 큰 홍수가 나 연락이 두절됐다.

그 다음 Lahore 로 가 그 곳의 Harappa 유적을 찾아갔다. 이곳은 진흙 벽돌을 사용했기 때문에 유적은 많이 남지 않았지만 미스터리가 많은 곳이다.

유적지에서 2-3 시간 후, 우리는 동네사람들이 파키스탄 최고의 치킨이라고 말하는 이 식당에 들렸다. 저마다 원조라 하는 식으로 여기도 저마다 최고란다.

Dost Chicken 은 유적지에서 약 15 마일 떨어져 있다. 입구에 닭들이 여러 마리 있고 주인이 한 마리 고르세요 하니 닭들이 전부 꼬꼬 하며 날 처다본다. 어항에서 게나 물고기를 고르는 것은 쉽지만 날 처다보구 있는 닭을? 천만에요.

뉴욕에도 Harappan Chicken 을 하는 데가 여럿이지만 그 진짜 맛을 보려면 Indus 에 가야 한다 – 군중, 냄새, 분위기, 혼잡, 오래된 문화 등이 섞인 곳에서 Indus 강물을 한줌 집어넣고 한 20 분 요리하면 닭고기 접시가 나온다!

Vegetarian 운전수는 안 먹어 둘이 거이 한 마리를 난과 함께 즐겼다.

맛있던 기억에 NY 에 돌아와 친구 Satish 가 하는 Sapphire 인도식당에서 해주겠다 해
기대를 했는데 나름대로 맛이 있었지만 푼잡에서 토종닭 먹는 경험과는 비교가
안됐다.
Lahore 로 돌아오는 길은 저녁때라 그런지 차들이 많고 마을마다 장이 열렸다. 빨리
갈 수도 없어 구경하는데 배탈 걱정 안 하면 얼마든지 사먹을 수가 있겠다. 군침나는
Punjabi Street Food 들, 모두 맛있어 보이지만 만일을 대비해서 주변에 적당한
화장실도 없었기 때문에 나는 유혹을 눌렀다. 사람들이 많이 앉아있는 캬페가 있어
여기서 차 한잔 해야겠다 하니 운전수가 위험하다 말린다.
이슬람 강경파들이 있으니 조심할 수밖에.

하라파 문에 이 싸인이 달려있다.

HARAPPA
5000 BCE – 1500 BCE: The Indus Valley (or Harappan) Civilization.
" .. some four thousand and five hundred years ago, a remarkable civilization .."
인더스 문명 중심지의 하나
기원전 5000 년 – 기원전 1500 년: 인더스 계곡 (또는 하라판) 문명.
".. 약 사천오백 년 전, 놀라운
문명 .."

하라판 알파벳은 여전히 미스터리로
남아있다.
한국에서 해독할 수 있으면 얼마나
좋을까?

여기 인더스 문명 알파벳 콜렉션이
있으니 지원자는?

Tipasa Grilled Fish

아프리카 지중해연안 나라들을 다 찾아갔는데
땅이 제일 큰 나라 알제리아가 빠져 열흘
작정하고 방문했다.
알제리아 구석구석 돌아다니고, 링컨
대통령의 권총도 보고, 이차대전때
연합군 원정군의 최고 사령관인
아이젠하워 장군의 거처였든 매우
소박한 쌩 조르지 호텔방에서도 잔 다음,
떠나기 전 티파사를 다시 보기로 했다.

알제리아 출신 까뮤가 신들의 마을이라
부른 조용한 Tipasa 는 우리 같은
여행자에겐 최고다.
지중해 앞에 펼쳐저있는 로마 도시는 극장, Cardo 들, mosaic, Byzantine 교회, 시장,
columns, 등등이 파도를 맞으며 있고 Cherchell 항구에는 박물관, Phoenician 무덤과
큰 네모난 돌이 있다. Phoenician 들이 뭐에 이 돌을 썼는지 모르겠다.

모자일으로 장식된 비잔틴교회 안의 돌에 걸터앉아 지중해 내려다보며 스케치하다
Amphitheater 로 걸어 들어가니 장난기 많은 알제리 젊은 여성들이 둘러싸며
물어보는 게 얼마나 많은지, 가이드 싸이드한데 도와달라는 눈치를 하니,
"You are now a rockstar!" 랜다.

Tipasa 항구에는 매일 어선들이 들어와 그날 잡힌 해산물을 식당으로 보낸다.
그 중 한 식당 Romana Restaurant 는
몇일전에도 왔으니 두번째다.
허물어진 Roman Bath 유적 안에
자리잡은 이 식당에서는 항구에서
가져온 여러가지 해산물을 grill
해주는데 다시 찾아오기 잘했다는 생각
외에는 표현할 방법이 없다.

가까운 곳에 Mauritanian Mausoleum
이 있다. 우리는 세 군데를 찾아갔는데,
모두 높은 땅을 차지하고 작은
규모이지만 육중하고 피라미드처럼
생겼다. 하나는 이 곳 티파사에 있고
다른 하나는 팀가드 근처에 있다. 내가
가장 좋아하는 데는 360°의 멋진 전망이
있는 Tiddis 근처이다.

Tipasa – Where No One Comes

알베르 카뮈가 "여기엔 아무도 오지 않아!" 말한 티파사
만약 제가 꼭 사흘만 여행할수있다면, 알제리아로 갈 것입니다.
알제의 옛 시장을 찾아 천천히 걷고,
세인트 조지 호텔에서 점심을 먹고,
코르니시 해안을 따라 바다 바람을 맞으며
산책하고,
주민들과 향긋한 커피 한 잔을 나누며 이야기를
나눌 것입니다.

그리고 하루는 티파사에서 보내렵니다.
로마, 비잔틴, 페니키아 유적 사이에서
완벽하게 구워진 신선한 생선을 맛보고,
차갑게 식힌 현지 와인 한 잔을 곁들입니다.

한 입, 한 모금 – 순수한 조화.
무엇이 이보다 더 좋을 수 있을까요?

"No one comes here!" – Albert Camus, Tipasa
If I had just three days to travel, I would go to Algeria.
I would stroll through the old markets of Algiers,
enjoy a peaceful lunch at the Saint George
Hotel,
walk along the Corniche with the sea
breeze at my side,
and share a cup of rich, local coffee with
the people there.
And I would spend a full day in Tipasa.
Among the Roman, Byzantine, and
Phoenician ruins,
I would savor perfectly grilled fresh fish,
with a beautifully chilled glass of local
wine.
Pure harmony in every bite and sip.
What could be better?

페니키아 돌

TIPASA

Cardo Maximus

비잔틴 교회

옛 항구

Medracen and el-Khroub Numidian Royal Mausoleum

말고기 (Horse meat)

Kyrgyzstan 의 수도 비슈케크에서 부라나 타워로 가는 길에 우리는 말고기로 잘 알려진 식당에 들렀다. 이곳은 수 세기 동안 실크로드에서 캐러밴 정류장이었다. 실내와 실외 공간이 모두 있는 넓은 곳이 아마도 이곳은 한 때 캐러밴세라이였던 것 같다.

테이블 잡고 앉으니 우리 한국 삶은 삼겹살같이 얇게 썰고 마늘 소스를 곁들인 말고기 한 접시를 준다. 접시와 함께 우리는 현지 보드카 한 병도 받았다. 얇게 썬 말고기 한 조각과 보드카 한 잔. 말 신(Horse God)을 위한 일종의 의식인가? 몇 점 먹으니 왜 캐러밴이 여기서 멈췄는지 알 것 같았다 – 보드카를 곁들여서 매우 기름진 고기 먹고 또 백 km 쉽게 갈수 있겠다.

부라나 타워는 실크로드에서 가장 낭만적인 장소다. 왕의 딸이 16 살에 일찍 죽을 거라는 점쟁이 말에 탑 속에서 보호받고 살았지만 결국 16 살 생일에 음식바구니에 숨어있던 독거미에 물려 희생된 아름다운 공주의 슬픈 이야기이다.

부라나의 기울어진 탑은 배경에 눈 덮인 톈샨 산맥과 많은 조각된 묘비 발발, 다양한 모양의 흰색 묘비와 함께 홀로 서 있다. 발발들은 이스터 섬의 미니어처 모아이와 같다. 근처에는 산, 탑, 돌, 그리고 멀리 끝이 안보이는 도로를 내다보는 발굴 마운드가 있어서 앉아있으면 저 멀리서 캐러밴이 도시로 서두르는 것을 상상하는 것은 매우 쉽다 – 상인, 낙타, 당나귀.

사마르칸드에서 온 그들은 여기서 쉬고나서 우리와 같은 길로 부라나 타워에서 떠나 오쉬와 사리타쉬를 거쳐 카슈가로 향했겠지?

(이제 여기서 말고기로 유명한 또 다른 장소인 이탈리아 만토바까지 6,279km 를 여행합니다.)
만토바는 근처의 베로나, 파르마 만큼 유명하지는 않지만 매력적인 중세 마을이다. Mantova (Mantua) 가 말고기로 유명하다 해, 큰 기대하고 먼 길 운전해서 Trattoria Leoncino Rossi 전문집을 찾아갔다. 요리를 stew 같이 만들어 주기에 pasta 에 얹을까 하다 미안해 못하고, 좀 느끼해 맛만 보고 창화가 시킨 trippa(양)와 와인을 즐겼다.

만토바에는 예수님의 피가 한 방울 있는 Relic 이 있다. 여는 시간 잘 알아보고 맞혀가야 되고, 또 Ducale Palace 와 Rotunda 가 볼만하다.

Trattoria Leoncino Rossi

Mantua

만토바에서 북쪽으로 가면 리히텐슈타인, 슈투트가르트, 쾰른을 거쳐 암스테르담까지 1,200km 다. 암스테르담은 1663-1666 년에 심한 전염병이 돌아 도시가 격리되어 육류 공급이 심각하게 부족했다.

1949 년 Piet 가 시작한 암스테르담 식당 Leeuw (Lion)의 매니저에 따르면, 그 때 암스테르담에서 먹을 수 있는 고기는 말 뿐이었다. 말고기는 철분을 함유하고 있는 것으로 알려져 있으며 아이들이 아플 때 가장 좋은 치료법으로 남아 있었다. Leeuw 는 두 가지, 말 안심과 sweetbread 이 최고요리다.

암스테르담 길을 걸으면 가득 찬 에너지를 느낄 수 있다. 특히 젊은이들 한테서 이 에너지를 느낄 수 있다. 말고기를 먹어서인가?

Kilimanjaro 사자와 켄자

킬리만자로를 오를 때, 내 porter 킨자와 가이드들이 나를 '심바' (스와힐리어로 사자) 라고 부르기 시작했는데, 암스테르담은 킬리만자로 등정 마치고 아프리카를 떠나 첫 번째 도착한 도시였고, 첫번째 식당을 찾아 말고기를 먹는 식당이름이 사자. 운명인가? 말 먹는 사자? Haha 내 아내는 바보 같은 소리하는 남자와 결혼했다 웃지만. 어리석든 아니든 음식은 매우 맛 있었다.

뉴욕에서는 2023 년 12 월 13 일 National Day of Horse 에 말고기 먹는 것을 금지해 말 요리는 없어졌다.

Haggis (Robert Burns)

Wedding, Burns, Donald Ross, and···Haggis, Old Pulteney

넣을까 말까, 가지고 갈까 말까?
Laptop 이 나온 이후 어디든지 가지고 다녔는데 어쩐지 이번은 집에 두고 여행을 해
보고싶다.
생각도 해보고, 책도 읽어보고 싶고. 또 없이 지내보고도 싶고.
그래도 근 2 주를 일하지 않고 돌아다닐 수 있을까?

한번 해보자 하고 잃어버린 iPhone 대신 그동안 푸대접 받고 있던 Blackberry 와
iPad 만 들고 집을 떠났다. 밤 11:45 비행기다. 시간은 넉넉하지만 혹시 일찍 check-in
하면 좋은 자리 받을까 했는데 좋은 자리는 커녕 한시간 연발이다. Glasgow 행 Delta
비행기가 San Francisco 에서 늦게 떠났댄다.
나이가 들면 들수록 비행장에 앉아있는 시간이 뭘 해야겠는데 생각하면 아까워진다.

이번 여행은 John 과 Mickee 의 결혼식 참가가 목적이다. 어디서 하는지는 몰랐는데
Scotland 꼭대기 Dornoch 에서 한다 해 "일 하지 말자" 하고 mini 휴가길에 나섰다.

John 과 Partner 로 golf 시합에 참가하기 시작한 것이 벌써 4 년이 됐다. 그 전까지는
Bill Torrey 와 25 년을 partner 했는데 Bill 이 뇌일혈로 신체장애를 받은 이후부터다.

비행기에서 whiskey 두 잔을 줘 좀 위로를 받고 Glasgow 에 도착하니 벌써 오후
한시가 넘었다. 젊은 친구가 운전하는 영국 택시를 타고 Brexit 에 대해 물어보니
자기는 EU 편으로 불평이 많다. 당연하지. 모처럼 생겼던 기회를 뺏기게 되니까. 중앙
기차역 옆 Radisson Hotel 에 들어와 짐을 풀고 첫 번 목적지로 향해 걸었다.

매년 Robert Burns Day (1 월 25 일)에 haggis 를 찾아 먹다보니 처음에 이상했던
맛이 이젠 구수해졌다. Whiskey 와 Haggis! 갈라놓을 수 없는 형제. 찾아 간 곳은
single malt 800 종류를 자랑하는 Pot Still Pub 이다. 창화는 맹물과 Pot Still pie. 난
Old Pulteney dram 하나와 Haggis pie. 이걸로 Scotland 여행이 시작됐다. George
Square 있는 Burns Statue 를 찾아갔는데 광장을 수리하고 있어 멀리서 훌딱
스케치를 했더니 엉터리가 되버렸다.

Fare thee weel, thou first and fairest!   잘 가시오, 그대여 — 첫사랑이요, 으뜸의
Fare thee weel, thou best and dearest!   아름다움이여!
We fond kiss, and then we sever;   잘 가시오, 그대여 — 가장 귀하고 정다운 이여!
Ae fareweel, alas, forever!   우리는 정답게 입 맞추고, 이내 이별하나니;
   단 한 번의 작별이여, 슬프도다 — 영영이로다!
-From Ae Fond Kiss by Robert Burns   -로버트 번스

저녁은 아까 Pot Still 가는 길에 눈여겨본 Mussel Inn 에서 먹기로하고 Hope Street 으로 올라가고 있는데 도중에 깨끗하고 아담한 Spanish 식당이 나온다. 들여다보니 bar 에 큰 Spanish ham 셋이 나란이 있고 wine rack 은 천정까지 오르고 푹신푹신해 보이는 의자들이 있다.

구경만 하러 들어갔는데 예쁘장한 매니저가 저녁식사 하러왔냐 한다. 구경만 하겠다 하긴 미안해 푹신푹신한 의자에 깊숙이들 앉아 난 House Spanish Martini 를, 창화는 ginger tea 를 시켰는데 이건 완전히 왔다. 달콤한 martini 가 거품에 싸여 한잔 마시는데 20 분이나 걸렸다. 여기가 Iberica. 나중 알아보니 이집을 모르는 사람들이 없다. 뉴욕 우리동네에 있던 단골집 Andanada 스페인식당은 Chef 가 Singapore 로 가버려 문을 닫은 후부터, 우리는 알려진 스페인 식당이라면 찾아 다니는데 아직 그만한 요리하는 집을 못 발견했다. 가끔 생각나면 그 집에서 마시던 house wine, Enate 를 사서 마시곤 한다. Enate Winery 는 Barcelona 에서 멀지 않고, 한 번 만난 주인이 잘 데도 있으니 꼭 오라 했는데도 아직 못 가구 있다. 혹시 이집에서 식사할까? 했지만 mussel 집에 가야지하고 작별하고 나왔다.

Moules Marinière (홍합)는 1965 년 Brussels 에 있을 때 외교관이던 사촌형이 소개해주었는데 어찌나 맛있었는지, 그후 Brussels 을 다시 갈 때마다 먹곤 한다. 뉴욕 에도 홍합접시 하는 데가 많다. NY Balthazar 같은 유럽 식당들은 거의 다 mussel 이 있고 Flex Mussel, 등 mussel 만 전문으로 하는 집들도 많다. 요리하는 방법도 다양하지만 white wine 이 제일 평범하고 mussel juice 를 즐길 수 있다, 어떤 때는 불에 몇 초 더 올려 놔 mussel 이 overcook 될 때가 있는데 쫄아들면 맛이 없어져 꼭 돌려보내야 된다. 와인은 mussel 과는 Pino 나 Chardonnay 가 잘 어울린다. 물론 맥주도 좋은데 이미 mussel pot 에 들어가 있으니 중복할 필요가 있을까?

Mussel Inn 은 Iberica 바로 옆집이다. 푸른 바다색으로 꾸며놓고 waitress 는 꼭 어부딸같이 귀엽게 생겼다. 메뉴를 훑어보니 별별 요리가 다 있고 mussel sauce 가 많은데 눈에 띄는 건 바닷물로 그냥 끓인거다. 바닷물! 여기에 뭔지 모를 매큼한 spice 를 넣은 듯. 반 키로, 일 키로 단위로 파는데 젠장, 처음부터 이 키로 시킬 걸 하며 즐기고, 해 저물어가는 Glasgow 언덕길을 내려왔다.

Hertz 와 Korean War memorial

이번에 Dornoch 으로 가는 길에 Bathgate 에 있는 Scotland Korean War Memorial 을 찾고, Perth 에서 점심 먹고, 바로 북쪽에 있는 Aberfeldy Dewars Distillery 구경하는 계획을 세웠다. 이전에 Royal golf course 들 친다고 Ireland 와 영국에서 차를 빌려봤기에 왼쪽으로 운전하는 데는 큰 문제가 없어 Hertz 에 차를 예약하고, 아침 일찍 떠날 수 있게 호텔도 Hertz 옆 Radisson Hotel 에 예약도 하고 준비 완료! 아, 그런데, 떠나기 바로 전 금요일에 지갑과 iPhone 을 잃어버려 떠나는 월요일 아침에 AAA 에서 부랴부랴 국제면허증까지 마련했건만, 일찌감치 Hertz 에 갔더니 면허증 원본이 없으면 안 되고, 집사람이 빌려도 나는 운전할 수가 없고, 그러니

결정은 간단하다. 집사람이 Dornoch 까지 왼쪽 운전한다는 것은 생각 할 수도 없다.
마누라 왈, "내가 운전하면 우린 결혼식에 가는 게 아니라 이혼하러 가겠네."

차는 포기하고 마침 기차역 옆이라 우선 Perth 까지 표를 사고 track 번호를 물었더니,
"아, 이 기차는 Queen Street 에서 떠나는데 아직 20 분 있으니 걸어가시면 됩니다."
Queen Street Station 은 어제 갔던 George Sq. 지하다. 이렇게 Glasgow 를 등지고,
Korean War Memorial 은 다음으로 미루고, 내가 즐겨 마시던 Dewars Distillery
방문도 다음으로 미루고, Scotland 기차 타고 둘이 Perth 로 향했다.

멀지 않은 거리다. 한시간 이후 Perth 에 내려 어디 짐을 맡길 수 있을까 역장 영감님께
물었더니 이젠 terrorist 들 걱정에 짐은 안 맡지만 저 건너 Old Inn 가면 보관해 줄
거다 해 둘이 Inn 에 들어갔더니 고색창연한 몇 백년 된 호텔이다. 친절히 대해주는
아가씨에게 짐들 맡기고 시내구경에 나섰다. 물론 Perth 시내에 있는 Burns
Lounge 에 들렸다.

Perth 에서 약 두시간 내려가면 Dumfries 가 나온다. 몇 년 전 Hadrian Wall 을
찾아갔을 때 들렸는데, 이곳은 Robert Burns 가 마지막 3 년을 산 Burns House 가
있고 그의 묘가 있다. 또 Dumfries 에는 Burns 가 자주 들리고 말년에 방도 있었던
The Globe Tavern 이 있는데, 아직 그의 방이 그대로 남아있고, Burns 가 앉던
의자에 앉아 위스키 한잔하려면 꼭 시 한수를 읊어야 한다. 나도 위스키 한잔 들고
시를 읊은 것 같은데 어떤 시였는지는 기억이 안난다. 매창 시였었나?

Burns 방과 의자

인 생 각

李梅窓

애끓는 情 말로는 한길이 없어
밤이워 머리칼이 무넘아 세었고나
생각는 情 그대도 알고 드러텐,
가락지도 안 맞는 여원은 보소.

뿔레뿔레 l 시집에서

Burns 가 이집 주인 The Hyslops 의 조카딸 Anna Park 와 사랑에 빠져 Betty 를 낳았는데 Anna 는 곧 세상 떠나구 Burns 의 아내 Jean Armour 가 Betty 를 자기 딸같이 길렀다는 아름다운 이야기도있다.

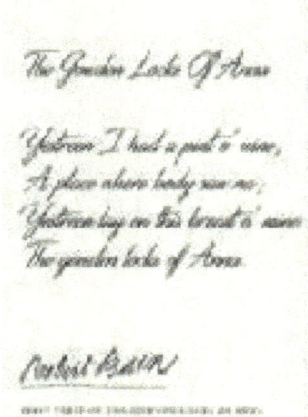

Burns 묘지 옆에 큰 교회가 있어 마침 일요일 예배시간이라 들어가 예배보고 인사들 하고 나왔는데, 아뿔싸, 내 스케치북이 없다. 기억에는 맘에 드는 시 한구절과 스케치 하나가 있었는데, 잃어버릴 거면 Burn's Town 에서 잃어버린 게 다행이다.

맨하탄에 Highlands 라는 Scottish 식당에서 Burns Day Dinner 를 bagpipe, whiskey, haggies 와 poem 으로 멋있게 매년 기념했었지만, 식당은 Covid 에 견디지 못하고 문을 닫아 안타깝다. Whiskey 와 Haggis 와 시, 끝이 없다. 내가 좋아하는 위스키는 Strathisla 인데 무슨 위스키를 좋아들 하시는지?

Highlands 식당
Scotland 위스키 맛보기
Bag Pipe
하기스 Presentation

Highlands 식당근처에 The White Horse Tavern 이 있다. 이곳의 이야기는 Welsh 시인 Dylan Thomas. 술을 좋아해 하루는 위스키 열 몇 잔을 마시고 세상을 떠났는데, Robert Burns 와 30 대 나이도 비슷했고. 그래서 이곳은 내가 좋아하는 식당들 중 한 곳이다.

By Dylan
Do not go gentle into that good night,
Old age should burn and rave at close of day;
Rage, rage against the dying of the light.
...
고요히 그 좋은 밤으로 가지 마오,
늙음은 하루의 끝에서도 불타오르고 분노해야 하니;
빛이 사라짐에 맞서 분노하시오, 분노하시오.

Leave nothing undone, no words unspoken, no
battles unfought. Burn brightly until the very end.

DylanThomas

John 과 Royal Dornoch Golf Club 에서

Royal Dornoch

도노크(Dornoch)에서의 골프는 1616 년까지 거슬러 올라가지만, 클럽은 1877 년에 설립되었습니다. 올드 톰 모리스(Old Tom Morris)는 세인트앤드루스 (St Andrews)에서 북쪽으로 유혹되어 이 링크에 자신의 흔적을 남기며 "골프를 위해 더 나은 곳은 없을 것이다("there canna be better for gowf")"라고 말했습니다. 또 다른 전설적인 골프 코스 디자이너인 도노크 출신 도널드 로스(Donald Ross)는 그의 지역 클럽에서 관리인(greenkeeper)과 프로로서 경력을 시작했습니다.

Persian 점심
이란 여행기에서 …

세계가 전쟁 분위기인 이때, 친절했던 이란 사람들과 음식 기억에 대해 이야기 몇 개 적어본다.

이스탄불에서 Tabliz 가는 비행기에서 옆에 앉은 이란 아주머니가 미국부부가 이란에 오는 거라는 얘기 듣고 뒤에 앉은 남편과 의논하더니 자기네 집에서 묵으라고 한다. 초대에 정중이 사양했더니 그럼 호텔까지 데려다 주겠다고 제안한다.

또 한 번은 Shapur I 의 유적을 구경한 후 쉬고 있는데, 가족과 피크닉 하고 있던 한 젊은 친구가 자기네 점심 한접시를 들고 와 우리 먹으라고 준다. 처음 보는 사람들과 음식을 나눠 먹거나, 비행기에서처럼 자기집에서 묵으라고 초대하거나, 받아들일 수 있는 일인지 나중에 가이드 Fahad 에게 물었더니 그것이 보통이란다. 진지한 초대로 간주해도 된다는데 또 크게 친절함을 느꼈다.

이란에서 가는데 마다 어디서 왔나 묻고 환영이다. Fahad 이 우리가 한국이라 하면 "주몽 주몽" 하며 서로 웃고, 미국에서 왔다 하면 정색들 하고 환영하며 이란이 어떻냐 하고 묻는다. 여학생들은 "Hello" 하고 깔깔대고, 남녀노소 전부 같이 사진 찍으려하고, 처음 만난 사람이 자기 집으로 점심 초대를 한다. 이리 받은 친절함은 아직 생생히 기억에 남는다.

타브리즈에 내려 Fahad 와 운전가이드 Reza 를 만난 다음날 Armenian 교회를 구경가는데 가이드 레자는 우리에게 세계적으로 유명한 이란 가수 아흐마드 샤자리아 노래를 들려준다. 레자의 음악 취향이 벌써 맘에 들었다. 너무 빨리 갔는지 경찰한테 걸려 10 달러 벌금내기에, 그래 radar 가 정확하냐 물으니 중국제라 못 믿는다 하며 웃는다. 미제 쓰라 했더니 sanction 때문에 못 산다구. 이란 sanction 은 평민은 해치며 반면 중국만 좋게 하는, 누구 아이디어인지.

계곡을 따라 더 가며 염소와 양, 노란 야생화들 구경하구, 한 마을에서 조금 더 가니 금요일 시장이 열린 마을이 나온다. 도중에 오래된 캐라반세라이가 캬페로 되어 잠시 쉬었는데, 실크로드의 이 부분은 Armenia 로 이어져 교회들이 전파된 것 같다. 그중 St. Thaddeus 는 이란의 아르메니아인이 꼭 방문해야 할 순례지다. 모든 순례자는 Camino de Santiago 순례나 서울 성곽길과 마찬가지로 여기서도 순례를 마쳤을 때 도장을 받는단다.

더 가다 길까지 잃어버려 또 중국제 GPS 타령하며 20km 를 돌고, 눈 덮인 산도 오르고, 창화가 가져온 쵸코렛 입힌 제주도 귤도 먹으며 교회를 찾았다.

Picture this. A Korean American couple while traveling to Jolfa and Maku to visit two Arminian churches with two Iranian guides lost using Chinese GPS nevertheless enjoying Korean chocolate.
(이 장면을 상상해 보세요. 두 아르메니안 교회를 방문하려 졸파와 마쿠를 찾는 재미교포 한인부부와 이란인 가이드 2 명이 중국 GPS 를 사용하다가 길을 잃었지만 한국 초콜릿을 즐기고 있습니다.)

최초의 기독교 수도원으로 여겨지는 성 타테우스 교회는 13 세기에 지진으로 파괴되었고 14 세기에 재건되었다. 산을 배경으로 오래된 석조건물이 장엄했다. 우리는 이 성 금요일에 교회에서 몇 분을 보낸 후 산을 내려가 다음 목적지인 성 스테파노로 향했다.

성 스테파노는 100km 더 떨어져 있고, 점심 시간이 훨씬 지났는데 가이드 Fahad 는 도중에 식당이 있을 것이라 장담한다.

아닌 게 아니라 조금 더 가니 길가에 "La Cantina" 간판이 보인다. 배 고픈 터라 곧 차에서 내리려 하니 Fahad 은 "아니, fresh meat 이 아네요." 라며 더 찾아보자 한다. 곧 차가 멈춘 곳은 정육점 앞. 아무것도 없는데? 어리둥절해하는 우리 앞에서 정육점 주인이 작은 냉장고에서 큰 고기 덩어리를 꺼내고 Fahad 는" Fresh Meat!" 하며 만족해한다.

주인 탈레브가 양고기를 자르는 동안 그의 조수가 길가에 놓인 케밥 화로에 숯불을 때기 시작하더니 풍구를 돌려 숯을 빨갛게 불길을 올린다. 탈레브는 고기 조각에 무슨 양념가루를 많이 뿌리고 두드린다. 그동안 뜨거운 불이 준비되었고, 테이블이 역시 길가에 차려졌고, 고기를 꼬챙이에 껴 불에 올려놓고 굽는다.

점심이 됐어요! 각 큰 접시에 납작한 빵이 깔리고 그 위에 밥이 수북하고 또 그 위에 뜨거운 케밥을 얹어준다. 역시 fresh meat 은 입에서 녹는 듯, 냠냠. 먹으며 길 건너편을 보니 막 잡은 양들이 주렁주렁 걸려있다.

이란에서는 식수 마시는 걱정이 없다. 많은 사막의 동네들을 다닐 때라도 먼 산에서 ganat 이라는 시스템을 통해 깨끗한 지하수를 끌어와 시원한 물이 풍부하다. 길거리에 누구나 마시도록 물통이 놓여있는 것을 볼 수 있다.

한번은 오후 길가에서 꽃이나 채소, 과일을 섞어 온갖 음료를 만드는 흥미로운 음료수 바에 들어갔다. 장미, 버드나무 꽃, 그리고 다른 모르는 꽃을 섞은 음료들이다. 각각 심장, 소화불량 등 특정 질병을 치료한다나. 좋다, 한잔 마시니 기분이 상쾌해져, 중국 시안에서 온갖 종류의 차를 마셔봤던 기억이 났다. 암을 예방하는 것으로 알려진 백차가 집에 아직 조금 남아있는데.

인도 바라나시에서는 치매, 혈압, 성생활, 전반적인 건강에 좋은 온갖 종류의 오일을 샀는데 아직 병을 열지 못했다. 10 년이 지났는데 아직 효과가 있을까?

음료 바에서 향긋하고 시원한 물을 마시고 더 가서 점심 먹을 곳을 찾는데 길가에 덩그러니 서있는 식당이 있다. 들어가니 테이블이 네 개. 손님은 아무도 없고 주인아저씨가 곧 큰 접시에 야채밥 (Persian Rice Pilaf)을 내놓는다. 이 밥은 이 때면 이곳 산에서 나오는 식물로 만드는 계절별식이라는데 특이한 고소한 맛과 향이 긴쌀밥과 어우러져 맛이 부드러운 별미가 아직도 입에 맴돈다.

후리후리한 체구에 윤곽 진 얼굴의 주인아저씨는 혼자 요리하고, 써브 하더니, 옆테이블 의자에 앉아 4 줄짜리 시타르를 연주해준다. 향기로운 꽃물, 산나물 밥, 음악이 있는 점심. 정말 A Jewel in the Desert!

사실 이 이름 없는 마을 Murabad 은 매우 유명한 시타르 연주자 Galan 을 배출한 곳이다.

Persia 문화, 음악, 시, Marco Polo 와 Silk Road, Caravanserai, 자연음식과 친절한 사람들.

여기가 이란.

Fresh Meat

Reza 와 Fahad 와 식당주인

For some we loved, the loveliest and the best
That from His vintage rolling Time hath pressed,
Have drunk the Cup a round or two before,
And one by one crept silently to rest

From The Rubaiyat of Omar Khayyam

33

우리가 사랑했던 이들 중,
가장 아름답고 소중했던 사람들이
시간이 신의 포도밭에서 짜낸 술잔을
우리보다 먼저 한두 번 마신 뒤,
하나씩 조용히 안식에 들었습니다.

— 오마르 카이얌, 루바이야트 중에서

Mausoleum of Omar Khayyam in Nishapur, Iran

34

Tagine

30 년 친구 Tony May 는 맨하탄 Central Park South 에 SANDOMENICO 식당 주인인데 내 사무실이 57 가여서 가끔 들리는 동안 친구가 되었었다.

1980 년대는 별로 알아주지 않던 이태리 요리를 불란서 요리와 맞먹게 일류급으로 올려 소개한 장본인이 Tony May 다. 이래서 뉴욕에서 이태리 식당을 하는 사람들 중 Tony 를 모르는 사람 없었고, 또 이태리에서도 Tony May 하면 식당 하는 사람들이 존경하는 전설적인 인물이다. Tony 는 우리가 이태리 여행 간다면 가는 곳의 여러 식당 이름을 적어주고 식당들에게 연락까지 해주어 대접을 잘 받게 해준다. 그 이후 지금도 우리는 Roma 가면 Rosetta, Napoli 에는 Mimi 를 꼭 찾아간다. SANDOMENICO chef Odette 이 한번 baby goat 를 요리했는데 NY Times 에 실렸다. Odette 의 baby goat, trippa, grilled dorade 는 세계정상급이다.

늦가을에는 Tony 가 주선해서 Piedmonte 로 White Truffle Hunt 를 가곤 했는데, 한번은 Bataciolo Winery 에서 Barolo blind tasting 경쟁하는데 술도 못 마시는 창화가 종류와 년도를 다 맞춰서 일등상으로 Barolo 한상자를 NY 에 보내줘 받았다. 가서 점심 대접받은 Luigi Einaudi, Fontana Fredda Winery 등이 다 이 동네다. 아침부터 점심 그리고 저녁 식사를 풀코스마다 우리가 직접 White Truffle 을 맘껏 shave 해서 먹으며 거기에 코스마다 다른 Barolo 를 곁들이는 4 박 5 일은 맛의 꿈 여행이다.

Tony 는 NY Westchester CC 멤버여서 여러 번 초대해줬는데 바빠 못 갔지만, 모로코 여행할 기회가 생겨, 골프 약속도 지키고 또 이제는 은퇴하고 Rabat 에서 사는 Tony 와 부인인 모로코 공주 할리마를 보려고 2017 년 3 월 17 일 Rabat 으로 찾아갔다. 은퇴한 줄 알았더니 식당 컨설팅 해주며 이태리에 자기가 설립한 cooking school 을 계속 운영하고 있었다. White Truffle Hunting 가서 방문했을 때 이 학교에 많은 한국 chef 들이 배우고 있는 걸 보고 반가웠다.

Rabat Royal Golf Club 에서 golf 치고 나서 Tony 내외의 저택에서 참으로 융숭한 저녁대접을 받았다. 천정이 높고 넓은 거실에서 둘이 cigar 와 위스키를 즐기고, 장소를 옮겨 이번엔 오붓한 모로코식 방에 편히 앉아 할리마가 직접 요리한 Tagine 을 먹는데 이렇게 멋지고 맛있는 Tagine 은 처음이다. Tagine 을 한국 음식과 연결해본다면 구절판과 신설로를 합친거라 할까?

그 이후 뉴욕에서 Tony 와 두 번째 같이 식사하였을 때, 모로코에도 이태리 요리학교를 세우는 아이디어 이야기하며 건강했었는데 몇 주 후 갑자기 심장마비로 세상을 떠났다. 뉴욕 5th Avenue 세인트 패트릭 성당에서 거행된 장례식에 가득한 조객들 대부분이 Tony 의 기여와 영향을 반영하는 듯했고, 검은 베일속에 가렸지만 너무나 슬퍼하는 할리마의 꺼질 듯한 모습이 애처로웠다.

이제 Tony 는 떠났지만 SANDOMENICO 출신들이 운영하는 식당들을 가끔 찾아가
Tony 의 이야기하곤 한다.

Tajin 요리   Tony 와 할리마

Chef Salvatore 와, Napoli   Chef Massimo 와, Trattoria La Rosetta, Roma

Kilimanjaro Hot Food

2016 년 3 월 3 일 킬리만자로 정상에 올랐다. 오르는데 일주일 걷고 내려오는 데는 이틀 걸렸다.

내 등반 팀에 Chef 가 있어서 세끼를 매일 준비해 주는데, 건강 식단으로 다양한 메뉴다. 어떤 때는 생선도 있고 또 산에 물이 없는데 항상 신선한 물을 줘, 이거 어디서 가져오냐 물어봤더니 매일 porter 가 내려가 물과 음식을 가져온다고 해 놀란 적이 있다. 난 지팽이만 들고 올라가는데도 쉽지 않은데 물통 들고 오르락 내리락 하니, 암만 젊어도.

무슨 영화장면같이 식사 때가 되면 테이블 하나 차리고, 이쁜 테이블 보로 덮고 깨끗한 접시 포크 나이프로 차려주는데, 딱 하나 없는 거는 어떤 종류의 술이든지 금지다. 또 풀들이 거의 다 말라 있어 잘못하면 산불이 날 수가 있어서 담배도 절대 안 된다.

Kilimanjaro 갔다 와서 한 6 년 지났나? 2022 년 10 월에 킬리만자로 산불이 났다는 소식을 들었다. 금방 꺼져서 다행이었지만 깜짝 놀랐다.

산 비탈에서 자라는 오만가지 식물들은 모양과 색깔 부터 너무 아름다운 희귀종 야생 풀들이다. 물론 산 밑은 거의 열대 지방이고 그게 점점 올라가면서 기후가 건조해지며 높은 나무들은 없고, 이제 작은 나무들도 없어지고, 마지막에 가서는 돌과 눈이다.

나는 등산하고는 거리가 먼 사람이지만, 오래 전 The Snows of Kilimanjaro 읽고 영화도 본 후 나도 그 꼭대기에 해리가 사라진 눈 벌판을 꼭 가보고, 죽어 있는 표범도 보겠다고 별러왔는데, White Nile 의 근원지를 찾아가 보고 싶어 Lake Victoria 여행을 만든 김에 Zanzibar 까지 합쳐 Kilimanjaro 도 오른다고 배낭 메고 지팡이 들고 떠났었다. 항상 Kilimanjaro 하면 노래하며 춤추던 내 팀 멤버들 생각과 정상 올려다보며 달 빛에 비치는 산 앞에서 깨끗한 테이블 보 갖춘 저녁 먹든 생각이 난다.

우리 팀이 맨든 "경기" 아직 남아있을까?

태극기 텐트

Picnic 과 나일강 Coffee

2023 년 1 월은 수단과 이집트 여행으로 지냈다. 수단에서는 약 2 주 있었는데 Khartoum 에서 며칠 있는 것 빼면 지방여행으로 지냈다. 수단에 가는 목적은 Blue Nile 과 White Nile 이 만나는 Confluence 보는 것이었고, 유적들까지 포함한 큰 여행이었다. 배 타고 두 강이 만나는 지점에서 한번 수영해볼까 도 했지만 고약한 나일강 악어들이 놀랠까봐 그만뒀다.

우리가 아는 수단이라는 나라는 기근과 전쟁이지만, 기회를 살피다가 우리가 갔을 때는 운이 좋아서 전쟁은 없었고, 기근은 저쪽 남수단 아니면 다푸르 쪽이기 때문에 Khartoum 을 중심으로 나일강변에 있는 그 유적들 방문하는 데는 문제가 없었다.

어디를 가든지 식당이라는 것은 없어서 우리 가이드하고 운전수가 숙박지에서 매일 준비해준 점심을 싸 갖고 아침 일찍 떠나는데, 먹을 장소는 사막을 가다가 나무가 하나 있으면 그 그늘 밑에 가서 테이블 펴고 음식 차리고 먹는 피크닉으로 너무 재미있었다.

음식 자체는 기본적인 걸로 대개 치킨, 빵, 채소, 파스타, 과실과 생수로 상을 차리는데, 지나가던 수단 농부, 목동들 한 두 사람 지나며 보고, 또 어떤 때는 옆에 와서 앉아 있을 때도 있고, 그래서 우리는 그들과 음식을 나누곤 했다.

한 번은 좀 큰 마을을 지나는데 시장도 서고 식당도 있어서 여기서 먹으면 되겠다 생각했는데, 가이드가 여기서 먹으면 안 된다 하며, 싸 갖고 간 점심을 식당에서 테이블만 빌려서 차려놓고 먹은 적도 있었다. 또 한 마을에는 까페들이 있어 커피야 괜찮으니까 하고 의자에 앉아서 커피 사서 마시고 했다. 까페라 해야 텐트로 해만 가리고 우그러진 테이블에 작은 쇠 의자들이지만, 그래서인지 커피 맛이 그렇게 좋을 수가 없었다. 어디 가던지 정성스럽게 커피 콩을 갈고 물 끓이고 잘 걸러서 따라주는 정성 때문일까?

Street Coffee Lady

1885 년 1 월 26 일 Khartoum 에서 Mahdi 가 Gordon Pasha (51 세)를 참수하고 세운나라가 1898 년 9 월 2 일 Lord Kichner 장군한테 Battle of Omdurman 에서 패한 곳이 Khartoum 에서 나일강 건너 있는 Omdurman 이다. 이곳에 Mahdi 의 무덤이 있고 old town bazaar 가 있다.

하루 Omdurman 전통시장의 골동품 골목에서 한 가게주인과 앉아 커피를 시키니 바로 앞에 커피자리 채린 아줌마가 갈고 끓이고 해 가져다준 커피, 이렇게 고소할 수 없다.

Karima 는 나일강 따라 앞은 강이고 뒤는 유적이 있는 사막인 제법 큰 마을이다.

특별히 갈 일정은 없었지만, 창화는 운동화 밑창을 고쳐야 하구, 난 이발하려 마을로
향했다. 금, 토 휴일 이후라 장이 바쁘고 사람들도 많다. 길에 서있는데 지나는 사람 마다
Welcome to Sudan! 하며 반가이들 맞아준다. 그 중 한사람은 China? 라 물어 꼬리아
했더니 김일성? 한다. 놀래서 No! South! 하는데 못 알아듣는 모양. 역사를 많이 아는
친군가? 보통 North? South? 하는 사람들은 있어도 김일성 소리는 처음 들었다. 수단
한국대사관에 할 일 찾아줬다.

사막에 돌밭을 다니다 입 벌린 운동화 밑창에 풀칠 마르기 기다리며 나일강 가 나루에
구경가니 장보러 오는 좀 큰 배와 부부가 노 저으며 오는 작은 배가 강건너 마을에서 온다.
시간도 있고 해 가이드가 이 동네음식 맛보자고 제일 오래된 집으로 데려간다. 큰 그릇에
삶은 콩을 거의 죽 같이 만들어 빵과 함께 준다. 빵을 손으로 뜯어 콩요리를 싸먹는
음식이다. 이 사람들의 주식이며 이름은 ful 이라 발음된다. 먹은 후 식당 밖에서 길
구경을 하는데 남자들이 모여 식당 앞에 있는 우물의 서너 개 수도에서 얼굴 씻고 손 씻고
하기에 무슨 일인가 보니 모두 길 건너 모스크로 기도하러 간다. 난 이슬람을 모르지만
그들의 종교심이 강한 모습에 항상 감탄한다.

수단 사막을 지나다 보면 가지 속이 빈 낮은 나무들이 있는데 이게 마아디 나무다.
영국하고 전쟁을 하는데 군인들이 칼들이 없어 마아디가 이 나무 가지를 꺾어 들고,
전쟁터로 나가라. 그러면 이 가지가 칼로 변할 거다. 그러한 예언을 했는데 정말 군인들이
그 가지들을 가지고 전쟁에 나갔더니 칼로 변해 영국군을 대패 시켰다는 전설이 있다.
그래서 나도 한가지 꺾어서 집에 와서 흔들어 봤는데 칼로는 변하지 않는다. 아마
전쟁때만 변하는 모양.

마아디 나무

커피 마신 동네 다방

Omdurman 공동묘지 모스크 앞에서 하루에 한번 하는 쑤피 춤 구경갔는데, 머리와 몸에
물감을 칠하고 아프리카 점쟁이 옷을 입은 할아버지가 오더니 대추를 손 안에 한줌
쥐여준다. 어쩌나? 먹지도 못하고 이 할아버지 떠날 때를 기다리다 억지로 하나 먹으니
맛이 괜찮아 두개를 더 먹으니 할아버지 미소를 띄운다. 맛도 있었고 나중에 배도
괜찮았다.

이제 수단 떠나려 비행장에 왔는데 골동품 반출 조사에 걸려버렸다. 저쪽으로 불려가 backpack 을 열으니 공기 돌 돌맹이들이 나왔다. 감시원들이 도대체 무슨 돌맹이냐 묻기에 가는데 마다 하나씩 기념으로 주었다 하니 자기들이 수근거리다 You are welcome! 하며 Thank you for visiting Sudan 한다. 집에 와 내 돌밭에 뿌렸다.

정다운 수단. 사람들 참 평화스럽고 조용하고 친절하고, 경치는 사막, 뜨거운 해에 탄 바위, 나일강, 그사이에 Nubia, 로마, 고대 애급, 비잔틴 유적들. 여기에 앉아 마시는 커피. 그렇게 나 한테는, '수단' 이라면 친절한 주민, 수많은 사막의 유적, 피크닉과 커피다. 이런 곳에 전쟁이 계속돼 마음이 아프다. 다시 오겠다 했는데.

| Karima | ful | 점심 참가하는 농부 |

Karima Jebel Barkal 에 비밀 방

40

석류

난 석류를 좋아한다.
시고, 달고, 주스가 많고, 씨까지 오독오독 씹는 재미가 있다.

원래 거기 5천년전년에 시리아근처에서 재배되기 시작한 석류는, 서쪽으로는
스페인까지, 동쪽으로는 페르시아, 인도로 전해지며 지중해 연안 사람들이 사랑하는
과실이 되었다.

시리아 내전이 일어나기 전, 집사람과 함께 Aleppo 에서 멀지 않은 Saint Simeon
Stylites 교회를 찾은 적이 있다.

이 교회는 기둥 꼭대기에 올라앉아 수도하며 하루 두 번씩 설교를 했던 Saint
Simeon 을 기리기 위해 세워진 곳이다. 수많은 전쟁 속에서도 꿋꿋이 남아 있던
교회였지만, 얼마 전 터키군의 폭격으로 그마저도 크게 훼손되고 말았다. 그 교회가 참
마음에 들어, 파리에 갔을 때 한 번은 시몬 호텔(Simon Hotel)에 들렀다. "아, 프랑스
사람들도 그 성인을 좋아하는구나," 했더니—엥? 이 Saint Simon 은 다른 인물, St.
Simon! 잘못 짚은 Saint 였다.

그 교회에서 차로 한 시간쯤 가면 Ain Dara 라는 히타이트 유적이 있다. 세계적으로
유명한 고대 신전인데, 히타이트의 후손들이라 자처할 법한 오스만의 후예들—아니,
야만이라고 해야 할까—얼마전 그 신전마저 박살을 내놓았다.

자기 조상들의 역사를 알지도, 지키려 하지도 않는 터키의 어떤 무지와 오만.
ISIS 가 파괴한 알레포와 팔미라, 그리고 터키군이 깨버린 Ain Dara 의 신전과
교회들—이 모든 인류의 문화유산들이, 결국 무지 앞에서는 무너지고 마는구나.

Ain Dara 로 향하던 길, 어떤 집 담장 너머로
수그린 석류가 주렁주렁 열린 나무가 눈에
들어왔다. 신기해하며 구경하고 있으니, 집주인
부부가 나와 석류에 대해 자랑스럽게 설명해주고,
즙을 짜서 한 잔씩 건네주었다. 그 맛, 그 부부의
따뜻함은 아직도 잊히지 않는다.

그래서 나에게 Ain Dara 는 늘 석류와 그 부부의
기억으로 떠오른다. 하지만, 동시에 그 기억을
지우고 싶은 마음도 든다. 혹시 그 분들도 ISIS 에게
희생된 것은 아닐까—하는 마음 때문이다.

그래서 석류는, 나에게 기쁘면서도 슬픈 과실이다.

Pomegranate ivory
ivory
mesopotamia 9-8c B.C.

41

Always Remember
Only the Beautiful Things

Cardinals
Orioles
Yellow birds
Blue birds
Turkeys walking and peccking
Foxes watching
Streams flowing from the hills
Spring flowers all around
Endless desert roads
An ancient town with no one around
And most of all,
Strangers full of welcome smiles

시리아 아인 다라 유적지에서 촬영했습니다. 2018 년 전쟁으로 소실된 신성한 사원입니다.
분쟁이 일어나기 전에 이 사원을 볼 수 있어서 다행입니다.
미래 세대가 이 돌들 사이를 걷지 못하게 된다는 사실이 안타깝습니다.

Make Greenwood Great Again!

2021 년 3 월, Route 66 따라 운전하다 Oklahoma Tulsa 에 들른 적이 있다. Route 66 를
타면 1920-50 년도 미국을 쉽게 연상할 수 있다. 옛날 주유소, 집들, diner 들, 자동차들,
또 2 차선 좁은 길.

Tulsa 에 가면 두 음식점이 찾아볼 만하다.
한 곳은 Route 66 선상에 있는 Ike's Chili. 1908 년부터 있는 이 식당은 햄버거도 있지만
Chili 로 유명하다. 여기 들려 좀 맛보니 괜찮아 한통 사서 호텔에 가 저녁으로 즐겼다.

3 대째인 식당도 있는데 Greenwood 에 있는 Wanda's Fried Chicken 이다. 기억나기론
할머니가 남쪽에서 와 시작했는데 지금은 손녀들 두 집이 같이한다. 가게에 가서
주문하면 그때부터 요리를 시작해 한 20 분 기다려야 한다.

기다리는 동안 난 길 건너 가게에서 T 하나 샀는데 주인이 내가 Vermont 에서 온 첫 번
손님이라며 반가워한다. T 에는 "Make Greenwood Great Again" 이라 적혀있다. 이
글은 1921 년 5 월 30 일, The Tulsa Race Massacre 를 상징한다.

" Is Greenwood still burning? "
다 된 chicken 을 받아 들고 벤치에 앉아 동네구경을 하며 지나간 역사를 생각해봤다.

난 fried chicken 을 즐겨 이 주, 저 주 다닐 때 알려진 chicken 집들을 찾는데, 여기
Wanda's Chicken 은 정말 왔다 다. Netflix 에 한국 fried chicken 프로그램이 있는데
다음 한국에 가면 꼭 견줘보려 한다.

Wanda's Fried Chicken!
Tulsa 에 가시면 꼭 찾아보세요.

Wanda J's, Greenwood

오늘이 "Juneteenth" 라 Tulsa 생각이 났다.
(Juneteenth 는 미국 노예해방 기념일입니다.)

Greenwood 1921, The NY Times

Greenwood 2021

44

Corn Flakes

1965 년 유네스코 초대로 영국에 한 work camp 에 갔었다. 캠프 장소는 Birmingham 이였었는데 도착하니 간직하고 있던 camp 주소가 없어졌다. 어쩌지? 지금처럼 전화가 있는 것도 아니고 갈 데도 없고 해, 마지막 수단으로 신문사를 찾아가 워크 캠프 장소를 아느냐 물었더니, 여러 군데 있다. 어떡할까 하다 신문사에서 교회 camp 한 곳을 연락해주고, 또 그곳에서 데리러 와줘 따라갔다. 이튿날 신문에 "길 잃은 청년" 기사를 냈는데, 기다리다 걱정하고 있던 camp 에서 보고 그 다음날 나를 찾아왔다. 떠나는 이쪽 camp 에는 너무 미안했다. 이제 신문에 난 덕분에 동네 꼬마들이 camp 에 찾아오곤 했는데 신문사에서 다시 나와 기사를 또 올렸다. 덕택에 교회가 잘 알려졌구.

캠프에서 하는 일은 오래된 교회에서 자면서 교회를 수리하는 일이었다. 교회에서 일하면서 아침 점심 저녁 세끼를 먹는데, 아침은 그릇에 Corn Flakes 를 넣고 밀크를 부어 먹는 게 매일 반복이 돼, 너무 첫 기억에 남아 60 년이 지난 지금도 난 cereal 은 Corn Flakes 만 먹는다.

캠프를 끝내고 런던으로 돌아가는 기차를 탔는데, 짐 정리하다 보니까 카메라 주머니에서 원래 캠프의 주소가 나왔다.
친절했던 신문사, 동네 꼬마들, 교회 신부님, 같이 일했던 동료들 생각하면 마음이 뿌듯해진다. 이게 내 Corn Flakes 얘기다.

이때쯤 Leicester 에서 원자력 연구하시던 아저씨 만나러 갔다가 영화를 봤는데 Brylcreem 광고를 본 것이 신기해 미국에 온 이후 사서 쓰기 시작했고,

신문에난 캠프친구들과 Birmingham 어린이 팬들

물론 아직도 Brylcreem 이다. 이 머리에 바르는 구리무는 tube 포장은 바뀌었지만 구리무는 그대로다. 가만있자. 근 60 년동안 머리에 발랐나?

아직 머리카락이 남아있으니 대머리 막는데 좋은 모양.

Pisco Sour 와 Guinea Pig

집사람과 둘이서 잉카 유적 Machu Picchu 를 보려고 페루에 간 적이 있다. 마추피추를 구경하고 그 옆의 Huayna Picchu 를 멋 모르고 올라갔는데 거기에서 고생한 애기는 이미 시집에 썼다.

우리가 택한 마추피추 가는 길은 리마에서 비행기로 Cuzco 로 가 이틀 밤 자고 Orient Express 기차를 타고 2 시간 거리 Machu Picchu 로 가는 거다. 그 곳 Lodge 에서 4 일밤 자며 Sun Gate 도 올라가 보고 또 와이나 피추 꼭대기까지 올라가 잉카문명을 구경했다. 매일 아침 새벽에 마추피추 Sanctuary 에 앉아 앞에 솟은 Veronica 산위로 동이 트며 산중턱에 구름이 용 같이 서서히 움직이는 걸 보면 주위가 성스럽기 짝이 없다.

기차를 잠깐 소개해 보면, 우선 Cuzco 역 대합실에서 샴페인과 산더미같이 아침 음식을 차려놓고, 밴드가 페루 음악을 연주하고 Folk Dancers 들이 나와서 춤을 준다. 이것이 끝나면 기차를 타는데, 타자마자 샴페인을 또 주고, 깨끗이 차린 테이블에 앉아 일찍 점심을 먹고, 이러는 동안 기타 치는 친구가 돌아가면서 노래하며 대화를 나눈다. 샴페인이든지 와인이든지 얼마든지 마시고싶은 대로 마실 수 있다. 몇일 후 돌아올 때도 똑같은 자리에 앉아 점심을 먹고 또 마시고 Cuzco 로 오는, 완전 호화판이다. 기차는 빨리 안가고 일부러 천천히 움직여 손님들이 기차에서 보는 경치를 즐길 수 있게 해준다. 마추피추를 발견한 Yale 대학 Hiram Bingham 이름을 딴 기차였는데, 그 이후에 Belmond 가 라인을 사서 오리엔트 익스프레스 이름은 이제는 없어졌다.

Inca Dancers

Sun Gate Golf Shot

Inca Road

Guinea Pig, Inca Corn

Machu Picchu 는 Sacred Valley 에서 여러날에 걸쳐 걸어갈 수도 있다. 잉카 제국이 넓고 흩어져 있는 지역을 하나로 다스리는데 필요한 명령 전달 시스템으로 길이 중요했는데, 차스키 (Chasqui) 들이 릴레이식으로 하루에 300km 를 뛰던 견고하게 만든 잉카 길로 Sun Gate 까지 가면 거기서 Machu Picchu 가 한 눈에 내려다 보인다.

얘기가 빗나 갔는데, Cuzco 에 다시 와 구경을 하는데 하루는 산에 있는 저수지를 구경하고 오면서 Peru 음식이라 해서 들렀더니 쪼끄만 돼지 새끼 (Guinea Pig) Cuy 를 일렬로 매달아 굽고 오븐 위 벽에 걸어 놨다. 거기서 한 마리 가져와 테이블에 놓고 Inca corn 을 준다. 좀 징그럽지만 참고 뜯어서 먹어 보니 너무 느끼해 이건 정말 못 먹겠다. 뭐 새우젓이나 김치가 있는 것도 아니고. 그래서 우리 가이드한테 먹으라고 그랬더니 얼마나 좋아하는지 돼지 한 마리를 혼자 다 먹어 버렸다.

유명한 Cuy 요리는 못 먹고 배가 출출한데 길가에 판자집 같은 데서 뭐를 튀겨 팔기에 촌놈 potato chip 인줄 알고 차를 세우고 들어 갔다. 아줌마가 한 봉지를 담아주는데 좀 이상해 이게 뭐냐 물었더니 치킨 껍데기를 튀긴거라 한다. 봉지를 열어 맛을 보니 고소하고 괜찮다.

페루에 Pisco Sour 라는 칵테일이 있다. Pisco 로 만든 칵테일은 1700 년도라지만 Pisco Sour 는 1915 년 미국인 바텐더 모리스가 Lima Morris Bar 에서 시작한 유래 깊은 칵테일이다. 페루 Pisco Sour 는 페루 피스코를 사용하고, 갓 짜낸 라임 주스, 시럽, 달걀 흰자, 앙고스투라 비터를 섞는다. 잘 알려져 있는 곳은 Lima 에 그랜드 호텔이라고 있는데 이곳 Bolivar Bar 에서 Mr. Pisco 가 만드는 The Pisco Sour Catedral from Bolívar 가 제일인 것 같다.

이 cocktail 이 마음에 들어 NY 에 있는 페루 식당이나 피스코가 있는 식당에 갈 때 만들어달라 해 마셔봐도 Grand Hotel 을 따라갈 수 없다.
그래도 포기하기는 싫어 가끔 찾아본다.

Peru 하면 생각나는 게 Guinea Pig, Fried Chicken Skin 과 Pisco Sour 다.

Machu Picchu 와 뒤에 Huayna Picchu   Grand Hotel Pisco
                                            Sour

Ceviche

컴퓨터 판매원 하던 옛시절, portfolio 에 여러 판매자료를 끼어들고 만하탄 거리 걸으며 이회사 저회사 찾아다니느라면, 더운 여름에는 물 마시라고 주는 회사들도 있었다. 바지 만드는 Sam Mandel 회사에 찾아가면 컴퓨터는 사지 않지만 커피는 항상 줬다. 친절한 주인 할아버지 Sam 은 팔에 Auschwitz 에서 찍힌 도장이 있었는데, 내 컴퓨터를 못 사줘 미안하다는 말하기 한두번이 아니었다.

한번은 옷 만드는 회사에 들어가니 반 나체 여자애들이 패션쇼 준비하는지 바쁘다. 그 중 하나는 꼭 인형같이 생겨 이름이 뭐냐 물으니 '쎄비체.'

오랜 세월이 지난 후 어느 식당에 들어가 메뉴를 보니 Ceviche 가 있어 그 때 생각이 났었다.

Ceviche 는 페루에서 몇 천년 전에 시작된 생선회 요리로 Pisco Sour 와 먹으면 생선회에 정종 같이 시원하고 맛있다. 이태리에서는 Crudo 가, 특히 Sicily 에서 제일인 요리지만, 요즘은 이태리식당에서도 Ceviche 를 하는 곳이 많다. 둘이 형제 같은 요리지만 Crudo 는 사시미와 비슷하고 위에 살짝 소금과 레몬 그리고 올리브유를 얹어 준다.

쎄비체, Sam Mandel, 컴퓨터 판매원, 다 잊쳐지지 않는 지난날들이다.

내 컴퓨터를 산 고객들 중에 중국 계리사 회사가 둘이 있었는데 둘 다 주인이름이 Mr. Gong. 미국에는 최저임금제가 있지만 Chinatown 에서 소위 piecemeal 로 일하는 직공들은 최저임금을 못 받았고, 대신 번 액수를 최저임금으로 나누어 일한 시간으로 계산하는 프로그램을 내가 만들어줘야 했다.

단추 하나 다는데 오전, 백개 달면 오불, 나누기 최저임금 $1.30. 단추 백개 달으려면 몇 시간?
우리 쌀라미 착취들 돕 했어요.

Corned Beef Hash

뉴욕에서 총각 시절에 잘 사먹던 것이 스팸하고 Corned Beef Hash 깡통이었다. 그 이후 가끔 생각이나 Diner 에서 아침 먹을 때 Hash 를 시키는데, 이 음식을 잘하는 Diner 를 찾기는 쉽지가 않다. 그 중 제일 맛있게 해주는 데가 내 골프클럽이다. 아침에 아무도 없는 큰 방에 혼자 앉아 coffee 마시며 Chef 의 home cooking Corned Beef Hash 와 poached egg 아침은 즐거움에 하나다.

6.25 재단 일로 St. Louis 를 여러번 들렸다. 미국 중심 도시라 자주 지나게 되는데 여기서 세 방향으로 떠나게 된다. 하나는 Route 66 를 따라 아리조나 킹만으로 향하고, 둘째는 Lewis and Clark 의 Corp of Discovery 의 길 Missouri 와 Columbia Rivers 강을 따라 북서로 향하고 (밑에 지도 참조), 세번째는 Wyoming 과 Idaho 로 역마차길 Oregon Trail 이다. 지금은 그 길에 길 표식들이 잘 되어있어 따라가보면 그들의 힘겨웠던 길들을 실감하게된다.

St. Louis 옆 동네 Maplewood 가운데로 Route 66 가 지나간다. 여기에 Tiffany's Original Diner 가 있다. 카운터 의자에 앉아 먹는 자리밖에 없는 작은 집이라 그냥 쉽게 지나칠 수 있는 식당이다. 대부분 손님은 동네 사람들이고, 한번은 같은 사람을 두번 만났다. 벽에는 정다운 Route 66 사진들과 책 외에는 장식이 없고, 늘 Route 66 에서 반겨주는 네 명의 익숙한 내 친구들 그림이 있다. **James Dean, Elvis Presley, Humphrey Bogart 와 Marilyn Monroe** (Dean 은 24 살, Presley 는 42 살, Bogie 는 57 살, Monroe 는 35 살에 모두들 일찍 세상 떠났다).

이집에 Route 66 분위기 corned beef hash 와 poached egg 이 있다. 벌써 서너번 들려 갈때 마다 정말 맛있게 먹었다. 지난 9 월에 Joliet, IL 갔다가, 약 4 시간 거리인 Maplewood 에 갔으면 했는데 Toledo 에서 꼭 보고싶은 Ethiopia Byzantine 전시가 있으니 먹는 걸 포기하고 말았다.

우리 마을에서 12 마일 Manchester 에 최근 발견한 Rooster Café 의 corned beef hash 맛이 만만치 않아 갈 곳이 하나 늘었다.

Lewis and Clark Corps of Discovery 탐험길

Lewis and Clark 제일 서쪽 지점 Seaview, Washington

Land Flowing with Milk and Honey (젖과 꿀이 흐르는 땅)

우리 둘이 시리아의 Damascus 에 있는 동안 하루 잡아 레바논의 Anjar 와 Baalbek 을 보러 간 적이 있다. 두 곳 다 UNESCO Heritage Site 들이다. 거리도 멀지 않고 시리아 내란 이전인 당시에는 가는 곳마다 안전하고, 국경 건너는데 비자도 필요 없었다.

일단 레바논으로 들어가면 Beqaa Valley 라 Hezbollah 가 통치하는 곳이다. 분위기가 좀 삼엄하다 생각됐지만 평화스러운 지역이었다. 염소들 치고, 밭 갈고, 바쁘게들 사는 모습이었다. 8 세기에 Umayyad 이 세운 Anjar 에 가니 앞에서 아이들이 놀고 있고, 앉아있는 영감님 외에는 관광객 한 명도 없고 옛 성벽은 꽃들에 둘러싸인 것이 너무 한가해 잘못 왔나 할 정도도. 영감님과 이 얘기 저 얘기하다 자기가 만든 술을(Arak) 권해 얻어 마시고, 찍은 사진 보내달라 해 NY 에 온 후 보냈는데 제대로 들어갔는지 모르겠다.

사람 없는 유적, 또 이렇게 아름다운 유적, 이제 거의들 사라졌다. 그래도 가본지 벌써 15 년이 더 지났지만 여기 Anjar 는 아직 그대로 남았을 거다. 가 보시려면 꼭 봄꽃이 필 때를 권한다.

점심때가 되 레바논 출신인 창화의 박물관친구가 추천한 Anjar 에서 Baalbek 가는 도중의 식당에 갔다. 식당이름은 Mhanna. 우리는 중동의 소문난 양 육회(lamb tartare)는 그동안 여러번 먹을 기회를 사양만 해왔으나 이곳은 믿을 만한 곳이라 큰 맘 먹고 맛볼까 했는데, 그밖에도 갖가지 kebab, salad, 과실등, 전주 한정식 상 마냥 상다리 부러지게 차려내준다.

Kibbeh Nayeh 라 불리는 양 육회는 레바논의 특이한 음식으로 아주 성성한 양고기와 이 지역 보리 Bulgar 와 좀 매큼한 향료를 섞어 만든다. Beef Tartare 와 요리 방법도 틀리고 bulgar 가 들어가 조금 heavy 하다할까. 여기에 레바논 와인도 좋아 큰 대접을 받았다.

여기서 북쪽으로 조금가면 Baalbek 이다.
이럴수가!

앞에 column 기둥을 만들려고 깎아 운반해온 돌이 있는데 열차 한 칸보다 더 크다.
유적내에 들어가 신전을 보면 같은 크기의 기둥들이 수 없다. 첫 번 나오는 질문은, 왜?
그리스와 로마 유적들을 수 없이 많이 봤지만 크기가 비교 안되게 어마어마하게
크면서 정교하게 조각한 건물들이 서있거나 무너져있는 Baalbek 을 문 앞에서 만난
영어가이드의 유창한 설명을 들으며 시간 가는 줄 몰랐다.

Phoenician 도시로 나중 로마로 넘어간 Baalbek, 이리 규모가 큰 곳은?
피라미드, 사라진 Alexandria 등대, 아스완.
Tipasa 항구에 있는 큰 Phoenician 돌이 왜 있을까 했는데 이리로 가져오려다 부러져
포기했었나?

난 Phoenician 을 좋아해 관심이 많다. 그 옛날 지중해 동쪽 끝에서 서쪽 끝까지
항해하며 문화를 전해주고 나라를 세운 민족. 어디서도 Phoenician 들이 잔혹하게
점령했다는 기록은 없다. 용감하고 현명하고 탐험심 있는 Phoenician. 그래서
좋아한다.

1,800 B.C.에 alphabet 을 발명한 사람들도 Phoenician 이다. 이들의 알파벳은 Greek
과 Latin 의 기본이 되었다.

Anjar, Baalbek.
가나안 땅. 성경의 Land of Milk and Honey 가 여기다.
저녁 무렵 Damascus 에 돌아와 Old Town 에서 물담배 피며 오늘 본 역사를
돌이켜봤다.

.

Baalbek

다마스커스에서 안자 거쳐 발벡으로

Road to Djemila (locals call Cuicul)

쿠이쿨은 Algiers 에서 차로 약 2 시간 거리에 있다. 알제리아 고속도로들은 네 나라가 건설했다. 알제리아, 불란서, 일본 과 중국. 알제리아는 좀 서툴고, 불란서와 일제는 최고, 중국이 건설한 길은 평평하지가 않다. 그래도 중국이 에티오피아에 건설한 길 보나는 났다. 그 후 좀 배운 모양이다.

가는 길은 대개 산과 밭 경치다. 거의 다 가서 Roman 들이 쓰던 채석장을 지나면 산 기슭에 적군을 한눈에 내려다볼 수 있게 자리잡은 Cuicul 에 도착한다. 사진에는 외진 곳 같이 보였는데 Djemila 마을 옆에 있다,

우리가 문을 통과하자마자 비가 내리기 시작한다. 사막에 단비! 옷은 젖어도 즐거운 환영이다. 비는 깨끗이 먼지를 씻어내고 2000 년 동안 자연이 그대로 유지한 색을 드러내는 반짝이는 돌들을 보여준다. Cardo Maximus, Foro, 신전들, 비잔틴 바실리카, Caracalla Arch, 그리고 수 없는 고대 가옥터들이 있어 옛 로마 도시모습을 잘 보여준다. 첫 번째 교회 옆에는 눈에 보이지 않는 선이 있는데 한쪽은 기독교이고, 다른 쪽은 Pagan 교도다. 이렇게 종교로 도시를 가른 데가 어디 또 있었나 생각해본다.

창화와 Cuicul ladies

한 세시간을 Cardo 십자로에서 이리 가보고 저리 가보고, 옛사람들 집들 구경하다가 앉아 쉬고, 구경 온 동네여자들과 사진 찍고 잡담하다 박물관으로 들어왔다. 여러

statue 들, 그릇 등, 많은 유물들이 있는데 이곳의 자랑은 넓고 여러 색으로 만든 모자일 바닥이다.

옷은 젖었고 추워져 사이드를 보니 알아 채렸는지 문밖에 큰 식당으로 데려간다. 살겠다 하며 들어가니 좀 이상하다. 꽉 찬 식당을 언뜻 둘러보니 모두 남자들이다. 이상해 하는 우리 눈치에 오늘은 휴일이라 여자들끼리 만나는 날이라 설명한다. 어쩐지 유적에서 만난사람들은 여자들 뿐이었든 게 기억난다.

우리를 기다리게 하지 않고 두 테이블을 합친 후 자리를 만들어줘 앉으니 치킨 수프, 빵, 얇은 파스타, 삶은 닭고기를 잔뜩 얹어 가져온다. 메뉴도 없고 모두들 같은 음식이다. 사이드에게 "이걸 어떻게 다 먹지? "하니 먹을 수 있는 만큼 먹으라 해 춥고 젖은 김에 뜨거운 닭국, 닭다리를 즐기며 먹으니 몸이 좀 풀어지는 것 같다. 실컷 먹은 것 같은데 상을 보니 아직 음식이 잔뜩 남아 어쩌지? 하니 걱정 말라한다.

Chicken Soup

Chicken Roast

With the Boys

사이드와 박물관장

먹는 동안 한 남자가 우리에게 와서 우리가 사진을 찍고 싶은 지 묻기에 감사하다며 머리를 들으니 좀 챙피하게 모두 우리가 먹는 것을 지켜보고 있고, 앞에 어린 소년들도 우리를 보고 있다. 그 사람이 찍은 사진이고, 우리 오른쪽이 사이드 다.

맛있게 잘 먹고 일어나 자리를 뜨자 소년들이 우리 자리에 와 앉고 먹기들 시작한다. 내가 재미있어 바라보니 사이드가 "이제 소년들의 차례다" 알려준다. 정말 멋진 관습이다. 소년들은 맛있는 음식을 먹을 수 있고, 남아 버려야 하는 음식도 없고. 계산하려 주위를 둘러보고 있으니 주인이 오기에 얼마입니까 하니 두 손 내저으며 "천만에!" 한다.

완전히 당황스러워져 "이건 그럴 수 없어요." 하니 사이드가, "이 사람들은 당신과 당신의 아내가 그들의 마을을 방문한 것을 기뻐해 점심이 그들의 선물입니다." 한다. 감사한다 인사하고 떠나는데 주변의 모든 사람들은 미소를 지으며 손을 흔든다.

Djemila Cuicul. 우린 로마 유적을 보러 온 줄 알았는데.

Djémila, Algeria

You are only here for a short visit. Don't hurry, don't worry.
And be sure to smell the flowers along the way.
Walter Hagan
"우리는 이 세상에 잠시 머무는 손님일 뿐입니다. 서두르지 말고, 걱정하지 마세요.
그리고 가는 길에 피어난 꽃향기를 꼭 맡아보세요."

내 채는 항상 Hagan 과 Hogan 이었지요

Golf, yes Golf!

1965 년 카이로에 있을 때 배운 golf, 지금 2024 년인데 아직도 치고 있으니 오래됐습니다.

난 원래 레슨을 싫어해 지금까지 코치해준 pro 들은 딱 세명입니다. Hassan (Gezira Club), Ken Burnett (Tammy Brook) 과 Loyd Monroe (Wykagyl) 이지요. 사실 제 스윙을 제일 잘 보는 사람은 아내입니다. 원래 보는 눈이 예민해서요.

처음에는 100 깨겠다.
100 깬 후 90 깨겠다.
90 깬 후 80 깨겠다.
아직 71 은 쳐봤지만 70 까지는 못했지요.

오는 11 월 7 일이 내 80 번째 생일 (사실은 80 이 넘었지만 이제 그만 셉니다.) 에 혼자 쳐보려 합니다. 점수 80 이 목표입니다. 한번은 혼자 캐디와 함께 Royal Portrush 를 치는데, 이병철 회장 꼴프는 그린에 오르면 기부다 라는 생각이 나더군요. 그린에 오르면 캐디가 Nice Par! Nice Birdie! 해주는 통에 신났는데 그 식으로 70 을 깼다 할 수는 없지요.

이렇게 golf 는 제 인생에 큰 부분을 차지했습니다.

하다못해 우리 신혼여행을 Puerto Rico 에 있는 Dorado Beach Resort 로 가 golf 를 쳤으니까요. 또 유별난 곳 Nepal, Bhutan, Ethiopia, India, Jamaica, Bahamas, Peru, Damascus, Tunisia, Morocco, Teheran, 수 없네요. 세계에서 제일 긴 코스 중국 Dragon Snow Mountain 까지 영세와 쳤으니까요. 친 중 제일 긴 샷은 Mount Sinai(시내산) 모세 굴 앞에서 지팽이로 친 공이 천 미터 내려간 게 제일 길었지요. 그렇지만 아직 제주도는 못 가봤네요. 똑바른 putt 같아도 삐뚜로 간다 들었습니다.

한번은 고국 떠난지 25 년만에 서울에 가니 벗이 제일이라는 꼴프장에 데리고 갔는데, 캐디는 여자들이고 얼굴들은 감싸 보이지도 않고, 공이 그린에 떨어지면 재빨리 가 집어 닦은 후 제자리에 놓고, 끝나 locker 에 가니 옛 공동 목욕탕이 생각나고, culture shock 이었지요. 떠나오기 전 아는 분이 초대해 한 번 더 쳤는데 내 Ping 채가 참 좋다 하기에, 누구에게 들었는데 채가 좋다 세번 말하면 채를 주는 게 한국에서 예의라 하여, 그분께 선사했지요. 떠날 때 세관에서 '채 어디 갔어요?' 추궁하기에 한국의 아름다운 예의를 말해줬더니 "정말, 이분! 참!" 하며 예의로 몇 원만 벌금내도록 해준 기억도 납니다. 그렇게 정이 있는 고국 땅 그후에 가고 또 가고 했지요.

Golf 치시는 분들 다 아시겠지만 왜 golf 가 이리 소중한가요? 아내는 집에 golf widow 를 만들어놓고, 왜 인생에 그 많은 시간과 노력을 쏟아 붓나요? 저한테는 golf match 가 인생자체의 competition 같다고 생각합니다. 또 만족감입니다. County Clare, Ireland 에 있는 Lahinch 에서 치는데 앞바람이 한 60 마일 같은 uphill, 150 야드를 3 wood 로 low boring shot 을 쳐 그린에 올린 경험, 10년 멤버로 있었던 NY Wykagyl Club 15 hole, 나무속에서 6 iron 으로 soring shot 을 치니 그린에 떨어진 후 cup 으로 쏘옥 들어가잖아요? Golf shot 은 Chef 가 만드는 음식, 화가가 그리는 명작, 조각가가 돌맹이에서 창조하는 조각과 비교됩니다. 그래서 한 샷 한 샷 칠때마다 정신 집중해야지요.

저는 미국에 살아 친구들이 대개 미국 사람들입니다. Golf 를 통해 안, 참 친한 친구들이에요. 해가 가니 잃은 친구들도 있고, 새로 생기는 친구들도 있고, 이게 golf 라 생각합니다. Camaraderie 라 하지요? 이래서 기회 될 때마다 아침에 빽 메고 golf 장을 찾곤 합니다. 오늘 칠 round 한 샷 한 샷 그리며.

2024 "W", Meadow Brook Club

제가 이제 40년 회원인 메도우 브룩 헌트 클럽(Meadow Brook Hunt Club)은 1881년 5월 12일 롱아일랜드 웨스트버리에서 창립되었으며, 유명한 메도우 브룩 하운드(Meadow Brook Hounds) 사냥팀이 포함되어 있었습니다. 1894년 9홀 골프장이 처음 조성되었고, 클럽은 미국골프협회(USGA)의 37번째 회원이자 1897년 메트로폴리탄 골프협회(MGA)의 창립 회원이 되었습니다. 1953년 제리코 지역에 새로운 골프장 건설이 시작되었고, 유명한 설계가 L.S. "Dick" Wilson 이 설계를 맡아 1955년 새 코스가 완공되었습니다.

그해 스포츠 일러스트레이티드에 실린 골프 작가 Herbert Warren Wind 는 Meadow Brook 을 이렇게 평가했습니다.

"1931년 오거스타 내셔널 이후 미국에서 가장 훌륭한 골프장입니다. Muirfield, Hoylake, Pinehurst No. 2, Pine Valley 와 함께 '건축적 걸작' 으로 기억될 코스입니다."

SOLO

지난 7 월 Pine Valley Club 매년 행사인 Warner Shelley Tournament 때 나이 70 이
되면 Bobby Jones 처럼 전성기에 golf 를 그만 치겠다 했는데, 골프에 여러 Milestone
들을 얘기하다 자기나이 70 을 쳐보는 얘기가 나와 그럼 한번 도전해보기 위해 일년
연장해보려 한다. 평생 제일 낮았던 score 가 Wykagyl 에서 친 71, 그것도 파랗게
젊었을 때이니, 쉽지는 않겠다. 조카 진이는 한국나이로 72 만 쳐도 되겠다지만 그러면
도전이 아니지않나?

그래서 70 을 치는 목적으로 다음과 같은 준비를 하려한다.
첫째, 우선 많이 쳐야 될 것. 2013 년에는 30 round 도 못 쳤지만 2014 는 50 round 를
치려한다.
둘째, cardio, 하체와 팔 힘을 늘리기 위해 trainer 와 겨울 내내 훈련을 하고 chronic
ankle weakness 를 고치려 한다.
셋째, senior tee 를 이용해 모든 hole 들이 regulation 사정권에 들게 한다.
넷째, 약 10 야드 더 낼 수 있는 fairway wood 과 hybrid 으로 바꾼다. Adams 나 Ping
이 어떨까?
다섯째, regimental dietary plan 을 세워 지켜보도록 한다. 이해 200 파운드가 넘었을
때도 있었는데 여행 후 180 이 됐다. 꼭 유지해야겠다.
여섯번째는 연습, 연습이다. 광에도 연습장을 만들어 하루에 최소 백 개는 치고
NY 에서는 gym 에 거울 앞에서 스윙 연습이다.
일곱번째는 70 을 치기 위한 헌신이다. 나쁜 버릇을 줄이고 예전처럼 새벽부터는 못
나가더라도 일주에 꼭 두 번은 치고 하루는 연습을 하려 한다.
여덟번째는 평균 한달에 한 번씩 푸로와 실습을 통해 fundamental 에 충실한다.
마지막은, 같은 목적을 가진 친구들과 경쟁을 해 game 이 sharp 할 수 있게
노력한다면 목적을 달성할 기회가 여러 번 주어질 것이라 믿는다.

내년에 가 71 까지는 쳤는데 70 은 아직 못 치고 마지막 기회인 11 월 6 일 첫 번 tee 에
섰다면 기분이 어떨까 생각해 본다. 그런 일은 없어야 될 텐데.
Day in day out, "Think thin and strong."

On Mar 13, 2014

이렇게 계획을 잘 잡았지만 i-나라들 여행하다가 (인도, 이스라엘, 이태리) 첫나라
인도에서 배가 아프기 시작하더니 이스라엘가니 더 아파졌지만 참고 예루살렘에서
베들레헴까지 걸은 다음 이태리로 왔다. 이젠 정말 걷지도 못하겠어서 outdoor 식당에
앉아만있다 뉴욕에와 할아버지 의사 Dr. Hammer 를 찾았더니, "너 맹장터져
죽지않은게 다행이다." 라해 깜짝놀랐다.
이 이후로 수술에 온갖 항생제 퍼레이드. 70 은 생각지도 못하고, 좀 걷는 연습하다가
몸 회복 겸 체중 20 파운드가 빠졌으니 체중을 늘리지 않으면서 힘을 기르고 싶어
꼴프여행을 떠났다. 될 수 있는대로 사람이 없고 힘든 코스들을 쳐보려 동북

아일랜드를 선택했다. 아직도 몸 상태가 완전하지 않은데, 그러면 왜 이 여행을 떠난 걸까?
창화는 내가 마치 큰소리만하는 랄프 크램든 같다고 농담한다 (TV 코미디 The Honeymooners).

사실은 이제 70 이된 내 나이 때문인 것 같다. 우선 70 이라는 나이에 익숙해져야겠고, 늙었다고 변명하기 싫다. 새로운 각오를 다져 더 어려운 도전에 맞서서 극복하고 정신적으로 강해지며, 게다가 체중도 줄었으니, 이제는 몸까지 더 강해질 기회가 생긴 걸 붙잡으면 된다.

코스들은 카운티 라우스, 로열 포트러시, 로열 카운티 다운 과 포트모낙으로 정하고 Aer Lingus 에 부탁해 일정을 잡았다. 3 월이라 같이 가겠다는 친구 한 명도 없어 혼자의 여행이 되고 말았다. Ireland. 그 곳 날씨는 10C 도에 바람과 비.
거기에 마지막 golf 친건 지난 10 월, 몸도 빌빌 하는데 왜 가려는지 납득 안 되지만 일단 Irish Sea 앞에 펼쳐 있는 Emerald Green golf course 에 서면 답을 찾을 수 있으리라 믿는다.

그래도 잘 갔다 오라는 친구들 편지 받고 용기를 내 Ireland 로 향했다.

Sounds like a great trip but it's a long way from home if you need your doctor. On the other hand maybe, you play only half the rounds. Good luck.!!!! -D. Parker

Hope you feel better soon, some very hallowed ground to traverse, can picture every course and hole, having played those 4 and several more less than a year ago. A few Guineses will of course help. May you one putt every green. -Ed

All good Sam and you will rally, the great golf and Irish countryside will cure you! -John, Esq.

Very sad to hear about lingering health stuff. -Belden

Is it August already? -Will

Stay home, misery loves company. Get well! -Peter

Good luck, but don't overdo. -Young

Boy, Be confident! You can do it! Look back, you've survived all the hard weather 70 years. Bring back an uncopiable story only you can compose. -Hyobin

Jealous! −Matt

You know Tom Watson's one point lesson to Samsung Lee Byung Chul after a round of golf was 'Never head up'.
Mine to you is 'Keep yourself warm in Ireland'. −Min

Ireland, here I come!

County Louth Golf Club (Baltray)

Dublin 비행장에서 약 50km 북쪽에 Drogheda 가 있다. 여기서 강을 끼고 올라가면 끝에 County Louth Club 이다.
한번 오면 쉽게 올 수 있는 곳을 힘들게 찾았다. 비행장에서 오른쪽에 앉아서 운전하는 차를 빌려 타고 M1 으로 오는데 toll booth 가 있어 보니 아무도 없다. 망서리고 있는데 "이쪽 이에요" 한다. 아차! 오른쪽을 봐야지. 젊은 여자애가 toll booth 에서 나오면서 "You American!" 하며 웃는다. 어떻게 짐작했지? 난 전형적 한국사람인데. 망신하고 Cromwell 의 massacre 와 Newgrange 고인돌로 알려진 Drogheda 에서 구경 겸 해 빙빙 돌다 Club 으로 향했다.

조그만 마을에 들어있는 County Louth, The Baltray Club House 에 들어가니 이 해 첫 번 tourist 라고 반겨준다. 식당에 한 member 가 아침을 먹고 있어 나도 앉아 못 이기는 척하고 Irish breakfast 를 시켰다. eggs, bacon, sausage, pudding. 아내의 주의가 생각나 맛만 보고 나오니 해가 나고 따뜻한 날씨에 봄바람이 분다. 70 이되 새로운 각오로 힘든 환경을 이겨보는 경험을 해보려 이곳에 왔는데, 이 화창한 날씨가 웬 말인가?

연습공 한 두개 쳐보니 공이 맞지도 않는다. 흠, 야단났군. 온몸은 쑤시고 펴지지도 않는 왼팔. 이럭 저럭 warm up 을 끝냈는데도 caddie 가 안온다. 이 사람들은

caddie 는 안 쓰고, 메든지 pull cart 를 쓰는 모양이라 나도 채 6 개를 걷는 bag 에 집어넣고 첫 번 tee 로 향했다.

Orlando Grand Cypress 에 Jack Nicklaus 가 초창기에 설계한 links course 가 생각난다. 앞으로 다섯번이나 더 세계에서 제일 유명한 links 를 칠 생각하니 나도 모르게 즐거워진다. 다행히 공은 똑바로 나가 점수 내보자고 이회장님식으로 적으니 세 홀 후 벌써 one under 다. 네 홀 째에서 caddie Jim 이 찾아와 넓은 모래사장, 좌초된 배, 풀에 덮인 작은 언덕들, pot bunker 들을 지나니 어느새 18 홀. Member 들과 Pro 한테 잘 쳤다 인사하고 갈 길이 멀어 맥주한잔 못하고 Derry 로 향했다. 매일 다섯 블럭 걷는 연습만해 망설였는데 끝내니 마치 뭘 성취한 기분이다.

The Baltray 에는 방이 여러 개 있어 여기를 중심으로 여러 course 들을 칠수 있다.

Royal Portrush Golf Club

스캐리스라 불리는 작고 거친 바위섬들, 한때는 양들이 그 외로운 땅을 지켰다고 한다. 본토와 섬 사이의 바다는 마치 오래된 전설처럼 고요하고 깊다. 언뜻 보면 최고의 낚시터 같지만, 캐디 로리는 예전에 트롤 어선 하나가 그 물길을 스치며 모든 물고기들을 쓸어갔다고 조용히 말한다.

저녁이 되자, 호텔이 추천한 '익스체인지'는 지나치고, 바로 옆에'커스텀 하우스' 식당으로 발걸음을 옮겼다. 바닥은 오래된 목재의 따뜻한 숨결로 가득했고, 아래층 바의 분위기가 인상적이라 칭찬을 건넸더니, 바텐더는 웃으며말한다. "사람들이 있을 때가 훨씬 좋죠."

오늘은 기적처럼 맑은 날이었다. 햇빛은 따뜻했고, 바람은 온화했다. 그러나 며칠 전까지만 해도 이 북쪽은 비바람이 몰아치며, 마치 대지 전체가 움츠러드는 듯했단다. 골프장에 흩어져 있는 비바람 피하는 작은 쉼터들은 마치 전쟁의 기억이 남아 있는 방공호처럼 느껴져, 아일랜드의 전설이 떠올랐다. 핀 맥쿨이라는 거인이 바다 위에 바위를 깔아 길을 만들었다는 이야기. 아마 그 길은 지금도 어딘가에서 바람에 실려 속삭이고 있을 풍경, 아일랜드에서 본다면, 숨이 멎을 만큼 아름다울 것 같다.

북아일랜드의 날씨는 오늘도 맑고 아름다웠다. 현지 사람들은 내가 좋은 날씨를 데려왔다며 웃었다. 골프를 즐기기엔 완벽한 날씨였고, 내 몸도 중반까지는 잘 따라주었다. 네 번째 홀에서야 비로소 진통제를 찾았다. 끝까지 무사히 플레이할 수 있어 다행이었다. 골프끝내구 자이언츠 코즈웨이를 찾아갔다. 유네스코 세계유산으로 지정된 곳. 원기둥처럼 생긴 기묘한 바위들이 마치 자연이 빚어낸 조각처럼 펼쳐져 있었다.

여기서 가까운곳에 Old Bushmill Distillery 가있는데 가보고싶었지만 참았다. 두째날 호텔이 모닝콜을 깜빡한 바람에 클럽에서 아침을 놓쳤다. GPS 는 이번엔 낮선 길로 안내한다. Wind Hill Road. 길게 뻗은 직선 도로가 구불구불 오르내리며 한참이다.

오늘은 13 홀만 쳤지만 만족스러웠다. 70 타를 깼으니 나름 성과다. 클럽하우스에서 클럽 샌드위치를 시켰는데 미국과는 달리 칠면조 대신 두 가지 종류의 베이컨과 닭고기가 들어 있었다. 이곳에선 칠면조가 흔치 않다고 한다.
떠날 때 캐디 로리(Rory)는 나에게 "인생의 모든 일에 행운이 있기를"이라며 짧지만 따뜻한 인사를 남겼다.

British Open 이 2019 년에 이곳에서 열렸는데 Rory McIlroy 가 첫날 첫홀 파 4 에서 8 을 쳤다. 2025 년 다시 OPEN 이 열리는데 이번에는 이길것같다. 복수!

이곳의 운전은 여전히 쉽지 않다. 좁은 길 위에서 긴장의 연속이다.

Royal County Down Golf Club

4 일째, 로열 카운티 다운 골프 클럽에 닿아 슬리브 도나드 (Slieve Donard) 호텔에 짐을 풀었다. 이곳에 the Mournes 산들이있고 제일 높은 산이 Slieve Donard 다. 호텔이 편안한가는 언제나 샴푸와 컨디셔너로 판가름 난다는데, 이곳은 합격이다. 날씨가 아주 좋아 푸로샵에서는 이런 날씨가 다시 오려면 백 년은 걸릴 거라 말한다. 이 코스는 친구 웨스트폴이 제일 좋아하는 코스이기도 하다. 몇 번 실수와 mental lapse 를 겪었지만 84 타로 마무리 지었다.

조니 캐시의 노래 Forty Shades of Green, "From Cork to Donegal…"이라는 가사처럼, 1970 년대 처음 비행기를 타고 더블린에 내리며 창밖에 펼쳐진 사십여 가지 녹색이 그를 사로잡았다고 하는데, 그 풍경으로 작곡을 한 노래다. 아이랜드 노래 여기 County Down 뒤에 솟아있는 전설로 가득찬 노래들 수없이 많지만 내가 좋아하는 노래는 The Sweetest Girl 이 있는 It's A Long Way to Tipperary 인데 아직 가보지는 못했다. Johnny Cash 도 말만 들어 가사에 집어넣었지만. 또 Don McLean 노래에 Mountains O'Mourne 이 있는데 전설에 산턱에서 누가 처녀를 살해해 처녀가 유령이되 산에오를때 조심해야하구. 부르카의 전설도 재미있다.

로열 카운티 다운에서 보낸 하루는 뜻밖의 축복 같았다. 내 캐디는 믹 그랜트 였는데, '최고 캐디'라 알려저있다. 그린은 물론 코스는 구석구석까지 알고 죠크도 많다. 내가 누구누구가 여기왔다 하니 놀랍게 그중 둘을 기억하드라구. 헤어지는데 "Have a good life." 하며 빠이한다. 언젠 시간이 있으시면 이 코스 꼭 찾아보세요. 그리고 믹도 찾아보세요.

믹, 뒤가 the Mournes

16 번째 홀 3-34-14

나도 언젠가 아내와함께 다시가봐야지 하며 벼르고있다. Slieve Donard 도 오르면 처녀 유령이 나올까?

HOLE IN ONE

우리가 살아가는 동안 "꼭 한 번은 해봐야지" 하는 것들이 참 많다. 골프에서는 특히 세 가지: 홀인원, 자기 나이 스코어 치기, 그리고 꼭 한 번 쳐보고 싶었던 코스에서 쳐보기. 예전에는 코스들이 많지 않아 코스 선택하기가 쉬웠으나 요새는 좋은 코스들이 많아져 혼동되기 쉽지만 항상 역사와 전통을 찾으면 된다. 치고 싶었던 코스에 가서 완전한 샷이 나올 때의 만족감, golfer 만 알 수 있는 진미다.

자기 나이를 친다는 건 70 대부터 가능하지 않을까? 65 살에 65 를 치는 것은 프로들한테도 힘들다. 70 대에서는 스코어도 만만하고 힘과 에너지도 많으니 도전하기가 제일 적합하다. 여기에 Hole-In-One 까지 한다면 golf 마일스톤들을 경험했다 할 수 있겠다. 물론 둘 다 실력과 샷도 좋아야 되지만, 운, luck 이 뒷받침해줘야 된다. 긴 팟, 긴 샷이 들어가는 건 luck 이 반이라 해도 과장이 아니니까.

홀인완, 참 힘들다.
제일 가까웠던 때가 이관섭, 김창규 사장님들과 함께 멤버들로 있던 NY Westchester 에 있는 Wykagyl Country Club 7 번 홀에서다. 이 그린은 uphill green 이라 공이 그린에 떨어지면 굴러 내려오기 마련. 그때 공이 잘 맞아 그린 왼쪽에서 오른쪽으로 슬슬 내려오기 시작하는데 점점 홀로 굴러가, 야 야 야 들어간다 하며 모두 신났었는데, 이공이 downhill 인데도 홀 몇 인치 전에서 스톱. 이러한 경험은 Alpine Country Club 과 Eisenhower Course 에서도 생겨, 난 홀인완 안 들어가는 체질이구나 하고 포기해 버렸다. 포기는 했지만 그래도 par 3 tee 에 설 때마다 생각은 해본다. 이사장님은 한 번 나와 치시며 이 홀에서 홀인완 하시고. 또 나하고 치며 홀인완 한 친구 몇명 중에 Jimmy Minardi 는 Meadow Brook Club 에서 한 번, 얼마후엔 Creek Club 에서 또 한 번, 두 번이나 연거퍼 해 내가 Mr. 홀인완 이라 불러준다.

김창규 사장님은 그 이후 NY 이 너무 춥다고 LA 로 이사 가셔 난 LA 갈때마다 모시고 Riviera Country Club 에서 쳤는데, 한 번은 뒤 그룹이 지나가겠다 해 양보하고 보니 5 명 씸이다. 어떻게 5 이 4 을 지나가겠다 하나 이상하다 생각했는데 이 눈치를 느꼈는지 한 친구가 와 "Thank you!" 한다. 보니 Dean Martin! 🎵Everybody Loves Somebody Sometime🎵. Dean 은 1995 년 Christmas 날, 나이 78 세에 같은 날 같은 시간에 돌아가신 엄마 따라 세상 떠났다. 항상 한 손에는 담배, 다른 손에는 위스키 들고 있어, 무엇으로 세상 떠날까 궁금들 했는데 폐암으로 갔다.

Y2K 는 이미 false alarm 으로 지나간 다음해, 2001. 9.11, 앞으로 20 년 전쟁을 치를사건이 생겼다. Al Quaeda 의 미국 공격. 조카가 빨리 택시타고 오라 해 조카 아파트에 갔더니 우리 아파트에서는 안보이는 World Trade Center 가 불에 타고 있었다. 21 세기를 define 한 날 9/11 이였다.

공교롭게도 내 처음이자 마지막인 홀인완이 이날 생겨버렸다. 딱 3 년후, Ohio 에서, 내 나이 70.

고등학교, 대학교 친구 영세의 초대로 Sand Ridge Club Member-Guest Tournament 에 갔다. Cleveland 교외에 있는 친구 집은 맨하탄에서 8 시간이다. Delaware Gap 과 Pocono 를 지나 Interstate 80 따라 그리 멀지않은 거리고, 도중 옛 동네들이 있어 가다 강가에서 점심 즐기기로는 안성맞춤이다.

Golf Club 들마다 Member-Guest 를 자주하는데 꼭 한 번씩은 2-day tournament 를 열고 큰 파티에 Calcutta betting 을 하곤 한다. Sand Ridge 는 멀리서 오는 사람들 편의를 봐줘 목요일 부터 토요일까지. 이때도 예외 없이 목요일은 연습 라운드와 파티, 금과 토요일 시합이다. Member-Guest 파티는 stag(남자들만)으로 여자들은 못 오는데, 요새는 바뀐 club 들이 있을지 모르겠다. Member-Guest 는 한 Member 에 한 guest 로 둘이서 팀이 되 best ball 로 경쟁하는 경기다. 이러한 시합을 four-ball 이라고도 한다. Guest 는 항상 다른 private club 회원이지만 주최 클럽 멤버들 둘이 팀이 되는 수도 많다.

미국에는 Men's Club 들이 있는데 잘 알려져 있는 곳은 Augusta. Masters 시합을 여성 차별하는 클럽에서 한다는 비판여론이 많아지자 Augusta 가 문을 열어 국무장관을 하던 Condi Rice 가 멤버가 됐다. 내 주위로는 Garden City Men's 와 미국 남바 완인 Pine Valley 가 있다. Pine Valley 는 여자는 평상시 출입도 안되는데 Christmas Eve 오전에만 proshop 에서 쇼핑을 할 수 있다. 남자들의 고집. 그래서 미국에 남바 완인 것은 아니고, 홀마다 특색이 있고 힘든 코스와 전통, membership, 다 합쳐 No. 1 이다.

또 클럽들이 종교와 인종 쪽으로도 갈라진다. Catholic 은 안돼, 유태인은 안돼, 유태인 아니면 안 돼. NY 에만 해도 National, Atlantic, Glen Oakes, Metropolis, Quaker Ridge 등이 예로 꼽힌다. 우리 클럽에 동양사람은 나 혼자인데 왜 그런지는 모르겠다.

멤버-게스트 본론으로 돌아가, 그 날 목요일 연습 라운드 치는데 전날 얌전치 않았던지 완전 hangover 로 앞이 뿌옇게 보이고 중심잡기도 힘들어 첫 홀 따블, 둘째 따불 하고, 세째 홀 168 야드 파 3. 앞바람이 불기에 어떻게 하던지 그린에 올리려 3 wood 을 꺼내니 캐디가 "That's too much club!" 한다. 모르겠다 하고 휘두르니 공이 땅 한번 맞고 튀어 그린 왼쪽에 떨어져 오른쪽으로 돈다. 괜찮겠구나 하고 돌아섰는데 캐디가 "Going in! Going in!" 한다. 난 놀라 그린을 쳐다봤지만 보이는 건 없는데, 또 캐디가 "It's in!" 하며 날 끌어안는다. 흠.

저쪽 다음 티에서 보고 있던 그룹이 만세 하며 점프하고, 한 친구 뛰어오더니 날 끌어안는다. 웬 소란들이지? 이 친구 "You won, you won!" 한다. "You won the car! Look!" 돌아보니 검정색에 삐가뻔적한 Jeep Grand Cherokee 가 날 보며 I am yours, Sir! 흠.

이런 홀인 줄도 모르고, 온 만했으면 바라고 3-wood 빼 휘두르고, 들어가는 것도 못 본 홀인원인데, 근 5 만불 되는 차까지!

이 이후로 내 인생이 좀 바뀌었다.

69

기억나는 코스 (Memorable Courses)

Bethpage

1967 년 미국에 처음 와서 보험 데이타 프로세싱 회사에 취직을 했다. 이 회사에 내 또래 친구들이 많았었는데 그 중 Cathcart, Gaynor, Bass, Ambre, 월남에서 소위로 복무했던 Wheeler 와 친해져 금요일이면 모두 쥐꼬리만 한 주급을 받아 Nassau Street 에 있던 Nassau Bar 에서 맥주 마시곤 했다,

Ambre 가 golf 친다 해 짝이되 Bethpage 로 주말에 한 번씩 치러갔는데, 매번 Queens Astoria 에 사는 Ambre 가 Manhattan 까지 데리러 와주니 미안해 내가 Astoria 로 가기로하고, 새벽 세시에 골프채 들고 지하철 타 Times Square 에서 갈아탄 후 Astoria 로 갔다. 거기서 동네친구 둘과 함께 넷이서 Long Island 에 있는 Bethpage 로 갔다. 골프장에 도착하면 아침 5 시, 손에 매번 치는 Green Course 도장 찍은 후 근처 Diner 에 가 아침 시키면 달걀 두개 over easy, 감자, 쏘세지, 어찌나 맛있었는지. 이 때 over easy 를 처음 알았다. 서울에는 없었던 걸로 아는데. 아침 먹고 golf 장으로 돌아가 차 안에서 조금 자면 우리 차례. 무거운 pull cart 빌려 빽 올리고 하루 종일 파를 한 번도 못하고 걷는다. 목표는 백 깨는 거. 설친 잠에, 무거운 카트에, 없는 실력, 뭐 백을 깰?
돈 없는데 맥주 딱 한잔씩 마시구, Ambre 자동차 껍대기 열구, 라디오 크게 틀구, Yummy Yummy Yummy yaya 따라하며 돌아오곤 했다.

2 년 후 난 회사를 옮겼고, Jimmy Gaynor 는 입대해 월남으로, Alan Cathcart, Norman Bass, John Ambre, Ronny Wheeler, 모두 연락이 끊어졌다.
다들 무사한지.

이것이 뉴욕에서 내 첫 번 golf 다.

Bethpage: NY 주 주립공원인 Bethpage State Park 에는 18-hole course 가 다섯이 있다. Course 이름들은 색갈을 딴 이름들인데, 제일 유명한 Open Course 인 Black 이 있고, 처음 1923 년 생긴 Green Course 가 있다. Devereux Emmet 이 디자인했고 나중 Tillinghast 가 다시 손을 본 역사 깊은 코스다. Devereux Emmet 디자인으로 잘 알려진 코스들 중 Maryland 에 Congressional Country Club 과 Long Island 에 Garden City Men's 가 있다.

물론 A. W. Tillinghast 는 Bethpage Black, Wingfoot, Quaker Ridge, 또 내가 멤버로 있던 Wykagyl 등으로 유명한 디자이너이다.

이곳 Bethpage Black Course 에서 열린 3002 년 US Open 에서 Tiger Woods 가 우승했고 2009 년에는 Lucas Glover 가 이겼다.

2025 년에는 Ryder Cup 이 처음으로 이곳에서 열린다.

The Links Golf Club

오래전 Manhasset, Long Island 의 The Links Club 에 Links Club 멤버인 Emmit 의
초대로 친구 Mike Aitken 과 둘이 golf 친 적이 있다. 링스 클럽은 옛날부터 멤버 수가
적은 클럽이었고, 제일 많았을 때가 100 명이 안 된 걸로 알고 있는데, Mike 와 둘이서
치러 갔을 때는 골프장에 물론 한 사람도 없었고, 미리 전화해 Caddie 를 오라고
부탁해야 됐었다. 골프 끝나고 조그만 농가 같은 클럽하우스에 들어오니 락카가
있는데 8 개가 나란히 서있다. 이제 멤버는 여덟이구나.

The Links Club 코스는 뉴욕의 golf course 들과 달라 이름대로 Ireland 나
Scotland 에서 보는 links 다. 미국에서 유명한 links 로는 Pebble Beach 와 The
Ocean Course 등이 있고, 내가 좋아하는 links 코스는 Kinsale, Ireland 의 Old Head
Golf Links 와 Scotland 의 Royal Dornoch 이다.

멤버들이 점점 줄고 하다가 나중에는 단 두 명, Bill Paley 와 Jock Whitney 가 운영을
했고, vandal 들이 있어 동네 순경들과 소방대원들이 와서 지켜주는 동안 golf 를
치기도 했다. 더 이상 운영을 못하게 되자 마을에 기증하려 했지만 무산이 되고, 결국
부동산 업자에게 넘어가 지금은 콘도들로 가득 차 자취가 없어졌다. 아까운 Charles
Blair Macdonald (November 14, 1855 –
April 21, 1939) 코스가.

미국 golf 초창기 course 설계로 전설적인
Macdonald 가 지은 course 들이 많은데 그중
뉴욕 근처에 남은 곳은 Yale, Blind Brook
Club, The Creek, Deepdale, Lido, National,
North Shore, Piping Rock, Shinnecock Hills,
Sleepy Hollow 들이 있는데 이중
나에게는 National 이 으뜸이다.

뉴욕 근처에 운영이 힘들어 부동산업자들에게
넘어간 골프 코스가 많은데 그 중 하나 내가
회원이었던 NJ Cresskill 의 Tammy Brook 도
팔렸다.

지나간 뉴욕 golf 역사에 하나다.

Mike 와

THE PINE VALLEY CLUB
On Thursday, September 1, 2016, KooKoo wrote:

조슈아 로렌스 체임벌린 장군
미국 의회 명예훈장 수훈자
1852 년 보든 칼리지 졸업
메인 주지사 4 선
보든 칼리지 총장 역임
The Passing of the Armies 저자

어제 대결했던 상대팀, 프레더릭스버그 출신의 R. 헌터 모린과 시어도, 첫번홀 티에서 갑자기 헌터가 조슈아 로렌스 체임벌린 장군 이야기를 꺼냈다. 솔직히 말해, 나는 그가 누구인지 몰라 그저 고개를 끄덕이며 들었고, 나중에 인터넷으로 찾아보았다. 내 딸이 보든 칼리지를 나왔는데도 말이다. 부끄러운 일이다.

체임벌린 장군은 남북전쟁 당시 20 메인 보병대를 이끈 전설적인 인물이자, 겟티스버그 전투의 영웅이었다. 학자이자 신사, 진정한 리더였다.

하지만 우리는 지금 골프 경기 중인데 왜 갑자기 남북전쟁 장군 이야기인가?

알고 보니, 헌터가 내 드라이버 커버를 보고 그 이야기를 꺼낸 것이었다. 딸 로빈이 선물해준 커버인데, 원래 세 개 중 두 개를 잃어버리고 지금은 하나만 남았다. 'Bowdoin'이라는 글자가 적혀 있다. 모르는 분들을 위해 설명하자면, 헤드커버란 나무 클럽(wood clubs)을 보호하는 덮개로, 일종의 벙어리장갑 같은 모양이다. 가장 유명한 헤드커버는 타이거 우즈의 호랑이 인형 커버다. 이제 옛날처럼 감나무 클럽을 쓰는 시대는 지났으니까 요즘은 거의 장식용이 되어버렸다. 강철 드라이버(1 번 우드)가 처음 나왔을 때는 '피츠버그 퍼시몬'이라 불렸다.

헌터가 내게묻는다.
"보든 나오셨어요?"
"아뇨. 제 딸이 다녔습니다."
사실 난 딸이 둘 있다하니 헌터는 딸이 넷 있다고 한다.
그 순간, 오늘 경기에서 질 것 같은 예감이 들었다.

저녁 바비큐 파티에서 헌터가 자기 아내의 서명을 오랫동안 위조해 왔다고 털어놓았다. 내 프로그램에 들킬까 봐 이제는 그만하겠다고 다짐도 했다. 파트너 시어도어는 헌터가 아내 서명을 너무 오래 흉내 내서 오히려 내 프로그램이 진짜 아내 서명을 거부할 거라고 농담을 던져 다들 웃었다.

칵테일 타임의 가벼운 농담이었지만, 파인 밸리 사람들은 내가 무슨 일을 하는지 대부분 안다. 필체 감정 소프트웨어 전문가.

미국 부통령 Dan Quayle, 내 파트너 Bill 과 Pine Valley 에서

그렇게 우리는 매치를 졌지만, 이제 조슈아 로렌스 챔벌레인이 누구인지 알게 됐다. 언젠가 그의 책 The Passing of the Armies 를 꼭 읽어봐야겠다.

이번이 나한테 파인밸리에서의 마지막 해이자 골프를 치는 마지막 해다. 바비 존스는 28 세에 골프를 그만두었다. 나도 내 선택으로 그만 둘 계획이다. 골프 후에는 스케치를 더 해보며 Lost Ark 를 찾기 위해 에티오피아 악숨에서 발굴 중이신 고 교수님을 따라볼까도 한다. 또 고대 문명 발상지를 아내와 더 찾아보고.

파인밸리, 여러해 여기서 골프치면서 미국과 미국 역사를 좀더 알게되었다.

PINE VALLEY GOLF CLUB
Pine Valley Golf Club 은 미국 뉴저지주 Pine Valley 에 위치한 세계적으로 유명한 골프장입니다. 골프 전문가들과 열성 팬들 사이에서 자주 세계 최고의 골프장으로 평가받습니다. 1962 년도 Shell's Wonderful World of Golf 프로그램에 Byron Nelson 와 Gene Littler 가 Pine Valley 에서 시합한 경기 YouTube 에 실려있어 그이후 얼마변하지않은 코스를 볼수있다.

설립 연도: 1913 년
설계자: George Crump (몇몇 유명 설계자들이 함께 참여)
위치: 뉴저지주 Clementon 근처
회원제: 매우 보수적인 프라이빗 클럽
특징: 자연 지형을 그대로 살린 매우 도전적인 코스로 유명하며, 전 세계 골퍼들의 로망으로 꼽힙니다. 벙커가 힘들고 많지요.

Indian Head

Florida Palm Beach 북쪽에 Seminole Club 이 있습니다. 대서양 해변가를 옆으로 끼고 언덕, 물, bunker 들이 많은 힘든 코스이지요. Donald Ross 의 masterpiece 라 불리는 Seminole 은 이제 백년이 되어가는 전통있는 club 입니다. 여기 멤버 되려면 여러해 기다려야 되는 클럽이지요.

여러번 칠 기회가 있었고 내 golf partner 가 멤버여서 매년 2 월 tournament 에 나가곤 했는데 일등해보지는 못했습니다. 이틀 시합인데 항상 첫날 score 가 좋지 않아서요. 이유야 뻔하지요. 오랜만에 만나 파티하다 보면 그러니까요.

이등도 없고 삼등도 없이 일등 하나뿐인 이 시합에서 이기면 나무로 깎은 Seminole Indian Head 을 주지요. 여긴 locker room 에 자그마한 bar 가 있어 못 이겼더라도 locker man 이 가져다주는 Southside 한잔하면 실망이 많이 풀리지요.

오래 못 봤지만, Bing Crosby 의 아들 Nathaniel (1981 U.S. Amateur Champ) 과 여기서 golf 칠 때 한 홀에서 난 두번째 샷을 이미 짧게 치고, Nathaniel shot 은 uphill 그린에서 약 190 야드에 앞바람이라 어떻게 치나 보고 있는데 공이 낮게 쏜살같이 나르더니 그린에 사뿐이 앉기에 깜짝 놀라 어떻게 쳤냐 물으니, 그게 slingshot 이라며 가르쳐줬는데 아직 흉내도 못 냅니다.

Just north of Palm Beach, Florida, lies Seminole Golf Club—a demanding course set against the Atlantic, with rolling dunes, water, and unforgiving bunkers. Widely considered Donald Ross's masterpiece, Seminole is now nearing its 100th anniversary.

I had the privilege of playing there many times. Every February, Bill and I played in the club's tournament. But despite the attempts, we never won. It's a two-day event, and our first-round scores were usually disappointing—for obvious reasons. Reunion parties the night before tend to do that.

The tournament only awards first place—no second, no third. The winner receives a hand-carved wooden **Seminole Indian Head**. Even if you fall short, there's comfort to be found: a small bar tucked into the locker room where the locker man hands you a Southside cocktail, which helps ease the sting of defeat.

Years ago, I had the chance to play with Nathaniel Crosby—Bing Crosby's son and the 1981 U.S. Amateur Champion. On one hole, I had already come up short on my second shot. Nathaniel stood over his ball, facing a stiff headwind with about 190 yards to the uphill green. I was curious how he'd approach it. He launched a low, darting shot that climbed just enough to land softly on the green. I asked, amazed, "How did you do that?"
He smiled and said, "That's the slingshot."
To this day, I still haven't figured out how to hit that shot.

밑에는 Arnie 가 Seminole Club 75 년 기념에 쓴 글입니다.

74

Seminole at Seventy-five
BY ARNOLD PALMER

세미놀 골프클럽 75 주년을 기념하며
글: 아놀드 파머

얼마 전 나 역시 같은 이정표를 지나온 사람으로서, 세미놀 골프클럽이 75 주년을 맞이한 이 시점이 얼마나 뜻깊은 일인지 충분히 공감할 수 있습니다. 지금은 잠시 멈추어 돌아볼 수 있는 좋은 시간입니다.

골프라는 멋진 세계는 끊임없이 변화하고 있지만, 세미놀처럼 창립 당시의 원칙— 탁월한 골프와 회원 간의 우애—에 여전히 충실한 곳은 거의 없습니다. 나는 50 년도 훨씬 전, 아내 위니와 함께 이 플로리다의 귀족적인 골프클럽에 처음 발을 디뎠습니다. 당시 나는 신참 투어 선수로서, 골프계에서 가장 권위 있는 프로-아마 대회에서 절실히 필요했던 상금을 노리던 눈망울 초롱한 청년이었죠. 하지만 그날 나는 돈보다 더 귀중한 것을 얻었습니다. 바로 도널드 로스에게서 전략적인 샷 구성에 대한 실질적인 교훈을 받은 것입니다.

많은 이들이 믿듯이, 세미놀의 골프장은 도널드 로스가 설계한 해안 코스 중 가장 뛰어난 작품이며, 진정한 링크스 스타일을 갖춘 전략적 걸작입니다. 동시에, 세미놀 클럽은 오늘날에도 여전히 이상적인 프라이빗 골프클럽의 전형으로 남아 있습니다. 우아하지만 지나치게 형식을 따지지 않고, 오직 최고의 전통에 충실한 순수한 골프의 공간입니다. 무엇보다, 이곳은 회원과 손님 모두가 최고의 골프를 경험하면서도 마치 자기 집처럼 편안함을 느낄 수 있는 특별한 곳입니다.

이러한 이유로, 세미놀의 회원들은 세계에서 가장 세련된 골퍼들이라 해도 과언이 아닙니다. 오늘날 클럽에는 전미 아마추어 챔피언, USGA 관계자들, 워커컵 출전자들이 자주 눈에 띕니다. 또한 과거 PGA 투어 스타들과 개성 있는 인물들이 이 클럽의 깊은 전통과 신비로운 매력을 함께 만들어왔습니다.

그들 중 한 명이 바로 밥 스위니였습니다. 그는 세계적인 플레이보이이자 세미놀의 유쾌하고 침착한 아마추어 스타였죠. 이번 짐 돗슨의 글에서는, 미국 골프의 성소라 불리는 이 클럽의 생생한 역사와 함께 그에 대한 이야기도 접할 수 있습니다. 나에게 있어 스위니는 1954 년 여름, 디트로이트에서 열린 전미 아마추어 챔피언십에서 혼신의 힘을 다해 이겨야만 했던, 매력적인 상대였습니다.

Arnie

총각 시절, 한 번은 아놀드 파머(Arnold Palmer)의 골프를 직접 보기 위해 오토바이를 타고 커네티컷 하트퍼드 근처에 있는 Wethersfield 컨트리클럽에서 열린 시합을 보러 간 적이 있습니다. 파 5 홀에 서서 기다리고 있는데, 갑자기 Arnie 의 공이 제 발 근처에 떨어졌습니다. 러프에 들어간 공을 어떻게 처리할까 궁금했죠. 당연히 아이언으로 안전하게 그린 근처로 보내고 3 온을 노리겠거니 생각했습니다.

그런데 Arnie 가 주변을 둘러보더니, 웬걸, 우드를 꺼내 드는 게 아니겠습니까? 그러고는 망설임 없이 샷을 날렸고, 공은 쏜살같이 날아가 그대로 그린에 올라갔습니다. 옆에 있던 톰 카이트(Tom Kite)도 놀란 표정이었습니다. 그게 바로 Arnie 의 골프였지요!

Arnold Palmer at Seminole's Amateur-Professional in 1960 and Pro-Member in 2006.

2016 년, 친구의 초대로 펜실베이니아에 있는 아놀드 파머의 고향 코스인 Latrobe 에 갈 기회가 있었습니다. 클리블랜드 근처에 사는 친구 둘과 함께 네 명이 저녁을 먹고 있었는데, 뜻밖에도 Palmer 씨가 다가와 우리가 마시는 와인이 뭐냐고 묻더군요. 보더니 "이런 평범한 와인을 마실 수가 있느냐"며 매니저를 부르고는 지하 셀러에서 자신의 특별 와인, Arnold Palmer Reserva 를 가져오게 해서 우리에게 대접해 주었습니다. 그때의 감동은 아직도 잊을 수 없습니다.

다음 날 골프 코스에서 골프 카트에 앉아 있는 Arnie 를 보고, 급히 여자용 폴로 셔츠를 사와 싸인을 부탁했습니다. Arnie 는 누군가에게 펜을 가져오라고 하더니 몇 분에 걸쳐 정말 정성스럽게 이름을 써주었습니다. 나중에 이 얘기를 그의 부인 키티(Kittie)에게 말하니 깜짝 놀라며,. "Arnie 는 몇 해 전부터는 옷에는 절대 싸인하지 않는데, 정말 귀중한 싸인을 받은 거네요." 키티에게 미안해할 정도였습니다.

집에 돌아와 아내에게 셔츠를 주자 너무나 소중하다며 한 번 입고 사진만 찍고는 어디 깊은 곳에 보관해버려 저도 어디 있는지 모릅니다. Arnie 는 그의 아버지의 가르침대로 펜에게 싸인을 해줄 때도 절대 급하게 휘갈겨 쓰지 않고, 항상 자신의 이름을 소중히 여겨 정성 들여 또박또박 싸인했다고 합니다.

안타깝게도, 우리가 Latrobe 를 다녀온 다음, 채 몇 주 지나지 않아 정정했던 Arnold Palmer 께서 세상을 떠나셨습니다.

그 후 저는 Arnie 가 쓰던 퍼터를 골동품 가게에서 구입해 제 골프 백에 넣어 다니고 있습니다. 아내는 지금 가지고 있는 그 폴로 셔츠가 어쩌면 Arnie 가 생전에 마지막으로 싸인해준 옷일 수도 있다며 더 진지한 표정을 지었습니다.

돌아가시기 바로 직전에 우연히라도 Arnie 를 직접 만날 수 있게 해준 친구에게 저는 지금도 늘 감사하고 있습니다.

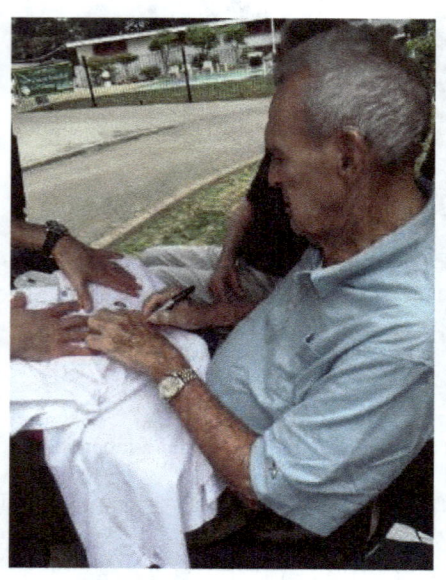

8번 아이언

아주 오래 전, 이집트 알렉산드리아에 외삼촌과 함께 온 적이 있습니다. 그때 외삼촌은 주이집트 대한민국 총영사로 근무 중이셨습니다.
저는 그 유명한 도서관을 보러 온 게 아니고 골프 대회에 참가하러 왔지요.

그때 막 골프를 배우기 시작했는데, 깡만있는 젊은이들 특유의 무모함으로 "할 수 있다!"며 대회에 나섰습니다.
외삼촌은 늘 드라이브 거리에 아쉬움이 있었지만, 균형 잡히고 절제된 스윙을 하셨습니다.

어느 중요한 오르막 홀이었는데, 외삼촌의 드라이브가 빗나갔습니다.
이제 제가 경기를 이끌어야 할 순간이었습니다.

제 드라이브는 정말 완벽했지요!
속으로 외쳤습니다. "이제 됐다!"
두 번째 샷. 딱 8번 아이언 거리.
식은 죽 먹기!

그런데… 바로 그 순간, 망쳤습니다. 얼어버린 거죠.

이것이 제가 기억하는 알렉산드리아의 마지막 장면입니다.

오늘은 참 아름다운아침이었습니다.
이른 아침 소나기가 지나고 나니, 하늘은 맑고 파랗게 열렸고 흰 구름들이 떠 있고, 산들바람이 불어옵니다.
저 멀리, 알렉산드리아 만의 끝—옛 대등대가 서 있던 자리를 바라봅니다.
이곳이 바로 새로운 알렉산드리아입니다.

알제리아와 벵가지처럼, 알렉산드리아의 코르니슈(해안도로)는 정말 아름답습니다.
이곳을 선택한 사람이 바로 알렉산더 대왕이었겠지요?
코르니슈는초생달처럼 만을 부드럽게 감싸 안고 있습니다.

한쪽 끝엔 카이트베이 요새, 다른 쪽 끝엔 새롭게 문을 연 알렉산드리아 도서관이 있습니다. 이집트가 세계에 내놓은 경이로운 선물입니다.

바닷가는 아부키르까지 길게 이어집니다.
제가 좀 더 젊었더라면, 이 바닷가 중 반 마일쯤 사두었을지도 모르겠네요.
물론 젊었을 때 이야기입니다. 긴 안목이 필요한 일이니까요!

알렉산드리아 하면, 바로 떠오르는 인물들.
알렉산더 대왕, 클레오파트라, 율리우스 시저, 마르커스 안토니우스, 그리고 폼페이.

하지만 그들의 무덤은 여기에 없습니다.
오직 이야기와 역사만이 남아 있지요.
클레오파트라의 무덤은 바닷속에 있고,
알렉산더의 시신은 이곳 어딘가에 있다고도
하나, 아직 발견되지 않았습니다.

한때 십자군은 저 높은 기둥 위 은단지에
폼페이의 유해가 있다고 믿었습니다. 그래서
그 기둥을 폼페이 기둥이라 부르지요.
그 주변엔 신전 유적이 있고, 깊은 지하
통로들이 얽혀 있습니다. 왜 그 통로들을
팠는지는 아무도 모릅니다.
제 이론으로는, 카파도키아처럼
침입자들로부터 피신하기 위한 용도였을
것입니다. 또 하나의 전설이 있습니다. 아이를
갖고 싶었던여자들이 그 통로에 들어가
기도하면, 얼마 지나지 않아—voilà 아기가
생겼다는 이야기.

저는 메트로폴리탄 박물관 특별전에서 본 폼페이 기둥 사진을 가지고 있습니다.
지금 이 실제 풍경과 나란히 보여준다면 참 재미있을 것 같습니다. 하나는 19 세기
은판 사진, 다른 하나는 이 푸른 하늘 아래 선 기둥.
김밥 한 통만 있었더라면 좋았을 텐데요.
이 기둥, 유적, 구름, 스핑크스를 바라보며 하루 종일 앉아 있을 수 있을 것 같습니다.

새 도서관에는 몇 가지 특별 전시가 있었고, 뜻밖에도 '비잔틴 특별전'이 열리고
있었습니다.
비잔틴이라면… 우리죠!
아테네 왕립 미술관이나 뉴욕의 오나시스 센터처럼 화려하진 않았지만, 아름답고 귀한
유물들이 있었습니다.

도서관에서 바다로 뻗어 나간 보행자용 다리가 하나 있는데,
이집트로부터 세계로 뻗어가는 '지식의 길'을 상징한다고 합니다.

이집트에 과거의 영광이 다시 돌아오기를 기원합니다.

그리고 남은오늘 오후는?
같은 코스에가서 같은홀, 두번째샷, 8 번 아이언으로 온 시켜 버디하자!

길에서 만나는 친구들

우리는 단체여행이 익숙하지 않지만, 첫 실크로드 여행과 에티오피아, 리비아 여행은 영국의 Wild Frontiers 여행사를 통해 단체여행으로 떠났다. 목적지가 처음 가보는 곳들이고 방문해야 할 장소도 많았기 때문이다. 특히 리비아는 단체여행만 허가되는 제한이 있어 어쩔 수 없는 선택이었다. 물론 단체여행에는 우리가 원하지 않는 곳 방문 등 일정이나 숙소, 음식이 마음에 들지 않을 때도 있지만, 그러나 우리가 선택한 여행지들을 방문하는 데는 최적의 방법이었다.

우리의 그룹은 열두 명 정도였고, 편한 버스를 이용하며 항상 경호원이 동행했다. 실크로드 여행에서는 여러 나라를 지나야 했고, 곳곳에 검문소와 국경이 많았기 때문에 경호원이 이를 맡아주니 훨씬 수월했다.

그 여행에는 영국에서 온 세 명과 함께했는데, 모두 Royal Geographical Society 회원으로 여행 경험이 풍부한 사람들이었다. 그중 Tom S.와 특히 친해져, 다음 해 에티오피아 여행도 함께하게 되었다. 이후로도 런던에 가면 만나고, 그가 뉴욕에 오면 우리와 만나며, 여행지에서도 종종 소식을 주고받는 사이가 되었다. Tom 은 우리 재단이 Liberty Walk 할 때면 세계 어디서 여행하든지 거기서 걸어주는 친구다.

창화와 톰, 나일강 T'is Abay 폭포 앞에서

리비아가 잠시 외국인 관광을 개방하자마자, 주저 없이 우리는 한 달 내로 여행을 떠났다. 이번에는 Tom 이 다른 여행 일정이 있어 함께하지 못했지만, 대부분 유럽인들로 구성된 그룹과 동행했다. 그중 미국인은 우리 둘과 CBS 및 CNN 에서 오랫동안 해외 특파원으로 활약했던 Betsy Aaron 과 Richard Threlkeld 뿐이었다. 우리는 모두 뉴요커였기에 더욱 친해졌고, 여행 내내 즐거운 시간을 보냈다.

비록 은퇴했지만, Betsy 는 여전히 기자로서의 본능이 남아, '한번 카다피를 직접 만나 인터뷰해 보고 싶다'는 호기심을 참지 못해 우리는 다 함께 카다피의 관저로 향했다. 그러나 물론 삼엄한 경비에 막혀 돌아설 수밖에 없었다. 리비아의 개방 시도는 잠시였고, 얼마 지나지 않아 카다피가 몰락했다. 친구들은, "네가 그 혁명시작을 하고 온 거 아니냐" 고 농담한다. 그리고 우연인지, 우리가 방문했던 몇몇 나라에서도 비슷한 일이 연이어 벌어졌다. 그때부터 친구들은 나를 비밀요원이라고 놀린다.

Betsy 와 Richard 는 맨해튼에 살았고, 롱아일랜드 Hampton 에 별장을 가지고 있었다. 그런데 2012 년 어느 일요일 아침, Richard 가 신문을 사러 나갔다가 빨간불을 무시하고 달려오는 차량에 치이는 사고로 세상을 떠났다.

세계 곳곳을 누비며 수많은 위험을 헤쳐나간 베테랑 특파원이 정작 평온한 고향에서 이런 사고를 당해 세상떠났다는 사실이 믿기지 않았다. 유머 감각이 뛰어나고 박식했던 Richard. 그와의 여행을 생각하면 지금도 그리운 마음이 든다.

Betsy 와는 여전히 가끔 만나거나 이메일로 안부를 주고받는다. 여행에서 만난 친구들은 그렇게, 길 위에서 시작된 인연을 이어가고 있다.

리챠드와 사하라 사막에서

Christmas

Rochester 에서 둘째네 네 가족, Brooklyn 에서 첫째네 네 가족. 성탄절 같이 지내려 2~300 마일씩 운전해 왔다. 이른 저녁 후 모두 교회에 앉아 아기 예수님 기억하며 촛불 예배드린다. 이렇게 모이면서도 몇 번이나 더 성탄을 같이 지낼 수 있을까 하면서 더욱 더 감사드린다.

교회안이 어두운지, 내 눈이 까물까물 한지, 찬송가를 손으로 더듬고 있으니 손주녀석이 구절 구절 짚어 보여주며 같이 부른다. 좋다.

몇일 전 한남시장에 가서 한국에서 온 마른생선을 집으니 젊지도 않은 아줌마가 어르신께서 꼭 좋아하실 겁니다 해, 흠, 한 봉지 사며 날 어르신이라 하니, 좋구나.

여기 우리가 사는 루퍼트 빌리지도 천천이 다 종족 빌리지가 되는 것 같다. 교회 단위에 성탄 촛불과 함께 메노라 (menorah) 촛불이 네 개 켜져있다. 교인들은 봄 풀사이에 색색 꽃들 같이, 애굽을 가는 Holy Family 그린 스테인드 유리창 같이, 이색저색 다종족으로 찼다.

이게 미국의 힘이다.
조그만 동네들이지만 한국전쟁에서 목숨을 잃은 군인 이름을 새기고 기념하는 탑들이 있어서 머리가 숙여진다.

다마스커스에 가면 한 시간쯤 떨어진 곳 Mar Musa 에 가는데 3 백 여 계단을 힘들게 올라가면 산중턱에 아름다운 11 세기 벽화가 있는 수도원이고, 이태리인 파울로 신부님이 맞아주신다. 몇명의 미국인과 유럽인 순례자들과 함께 저녁꺼리 야채를 다듬던 기억이 있는 소박한 곳이었는데, 가슴 아프게도 씨리아 내전 초반에 파울로

신부님이 극단파들에게 납치당해 가셔서 아직도 생사를 모른다. 그 후 씨리아 출신
수녀님들과 수련 신부님들이 생존이 위험한 상황에서도 수도원을 지키며, 인근 마을
모슬렘 주민들에게 피난처는 물론 음식을 제공하며 보호하는데 매우 어렵다는 소식에
몇 번 헌금을 보낸 적이있다. 매년 보내주던 크리스마스 멧세지도 끊어진지
오래되었다.

대강절 촛불과 메노라를 함께 보며, 이 성탄에는 Mar Musa 에도, 종교는 다르더래도
모두 함께 어려움을 견디며 작은 텃밭도 일궈 사랑을 나누는 일이 계속되고 있기를,
무사하기를, 그리고 씨리아에 평화가 찾아오기를 간절히 간절히 기도한다.

Mar Musa

Martini I

마누라 덕택에 여기 Metropolitan Museum 에서 특별전시회가 있을 때 마다 대부분 Petrie Court 에서 열리는 Opening Reception 에 초대받는다. 중앙에 Canova 의 Perseus 가 Medusa 의 목을 베어 아직 꿈틀대는 뱀으로 덮인 머리를 왼손에 들고 오른손은 피 묻은 칼을 들고 있는 대리석 조각이 있고, 양쪽으로 거장들이 깎은 조각들이 전시되었다. Open Bar 에서 주는 drink 한 잔 받아 들고 하늘로 치솟는 유리천정 아래서 조용한 음악을 들으며 이 조각 저 조각을 보느라면 뺨을 꼬집고 이게 생시인가 꿈인가 하게된다.

오늘도 Dutch Master 특별전시 reception 이 있다 해, 술 끊으라는 친구 기용이 말 확 잊고 한잔하러(?) 박물관을 찾았다. 걸려있는 Rubens, Rembrandt, Vermeer 옆에 유난이 눈에 들어오는 그림이 하나 있다. Jan Steen 이 그린 Merry Company 라는 그림인데 자세이 보니 Steen 이 martini 잔을 들고 있다. 신기해 옆에 있는 그림도 보니 또 martini 잔이 있다.
술꾼 한테는 뭐만 보인다고.

술 좋아하는 Jan Steen 인가하고 옆으로 도니 martini glass 가 또 하나있다. 이건 Abraham Van Beyeren 이 그린 lobster 가 들어가 있는 Still Life 다. Martini glass 는 Roaring 20's 부터 시작된 걸로 알았는데, 점점 더 신기해 google 해봐도 그전으로 돌아가지는 않는다. 이 1650 - 1670 그린 그림들에 martini glass 가? 그럼 얼마나 오래전부터 이렇게 생긴 잔들이 나왔을까?

Iran 친구 Reza 는 같이 갔었던 Susa 박물관에 있는 Elamite decanter 를 얘기하는데 글쎄다. 이 decanter 는 7 ring 이 7 level 로 만들어져 7 잔을 마시게 되있는 도자기 잔인데 이게 martini glass 라 쳐주면 4 천년이된 martini glass 의 원조가 된다. 혹시 Damascus 의 유리로는? 하고 찾아보고 있는데 아직 별 결과는 없고.

또 술애기가 되 버렸나?
나무랄 것 없지. Khayyam, Wang Wei, 김삿갓, 다 내
친구들이니.
그럼 친구 찾아 현대판 martini 한잔할까?

이 전시장은 Museum 의 gem, Lehman Wing 인데
이층에서는 마침 Tintoretto 의 Portrait 전시까지 있어
art and Martini 를 즐기는데 최고의 기회다.

Oct 16, 2018

MARTINI II
Another Martini?

오래전 golf 가끔 같이 치던 Harry Basmajian 을 통해 Armenian Genocide 를 알게
되었다. 아들 Paul 은 잘 쳐서 아마 Club Champion 을 했었던가? 그것이 70 년
말이었으니 Harry 아직 살아있을까? 90 은 됐을 텐데.
난 옛날부터 Byzantine 을 좋아했다. 서울에서 난 녀석이 비잔틴을 좋아한다니. 왜?

우선 초상화들 복사하기 쉽고.
Mosaic 이 아름답고.
교회 건축양식이 멋있고.
불쌍하고 애처롭고.
Constantine XI Palaiologos 의 마지막 Charge!

이래서 Met Museum 갈 때마다 비잔틴 통로들을
거치는데 Catholic 홀과 자연스럽게 연결된다.
오늘은 After Hour 라는 주제로 한 잔 들고 명작을
볼 수 있는 밤이다. Guggenheim 에서는 가끔
하는데 Met 은 드물어 놓치기가 아까운 기회다.

Armenia 특별전시에 들어가니 Yerevan 박물관을
다 비웠는지 큰 전시장이 보물들로 꽉 차 있다. 처음
눈에 띄는 건 Saint Stepanos Monastery 에서 온
돌맹이.

우리가 갔었던 St. Stepanos 는 St. Thaddeus 와 함께 이란의 Armenian 들이 오는
Pilgrimage 길이다. Iran 생각을 하니 더 정다워진다.
옆에는 Indiana Jones 영화에 나올법한 방패가 있어 증명사진 하나 찍고 아름다운
그림들 정신없이 보다 옥상으로 향했다. 다시 꼭 오길 다짐하고.

86

Met Museum 옥상에서 보는 밤의 맨하탄은 절경이다. 앞에는 공원, 그 뒤로 별별
모양의 고층건물들이 꽉 이다. 오늘은 마침 동쪽에 보름달이 걸려있다. 난 항상
걸려있는 보름달을 보면 저거 떨어지면 어쩌지 하고 조바심을 낸다.
Martini 한 잔은 오른손에, 마누라 왼팔에, 떨어지는 Full Moon, 높이 솟는 사각형들,
옆에선 음악까지 들려주니, 빰을 다시 꼬집어 본다.

이제 Delacroix 특별전.
Delacroix 는 집사람과 천룡이가
제일 좋아하는 화가중에 하나다.
덕택에 나도 좋아져 지난번 빠리에
갔을 때는 Saint Sulpice 옆의
여관까지 찾아 들어서 매일
아침저녁으로 그의 대작을
보았었다.
이 특별전시는 Louvre 와
협작이라, 야~Delacroix 가
이렇게 많이 그렸나 할 정도로 네
갤러리가 그림으로 꽉 찼다. 물론
내가 좋아하는 Femmes D'Alger
Dans Leur Appartment 앞에 와 앉아있는데 한 guide 가 설명을 해주겠단다.

그 중 누구의 quote 을 말하는데
"North Africa is Antiquity without
Heroes."
참 멋있는 말이라 찾아보는데
실패다. Signac?
Delacroix 가 Algeria 종군했을 때
한 부자집에 초대를 받아 후원을
구경할 수 있었는데, 그 때 본
여자들을 스케치한 후 빠리에 돌아가
그린 그림이 Femmes D'Alger 다.
마침 Delacroix 스케치 전시까지
옆에서 열리고 있어 혹시 이
여자들의 스케치가 있는지
찾아봐야겠다.

North Africa 의 강한 매력은 예나 지금이나 다르지 않다. 여러 민족들의 이름도
매력적이다. Berber, Tuareg, Greeks, Phoenicians, Egyptians, Romans, Vandals,
Arabs, Carthaginians, Mauretanians, the Moors, 세기 힘들게 많다. 여기에 문화,
언어, 종교, 미술, 음식까지, 하지만 North Africa 의 매력은 그 경치와 색이다.
Martini 잔 들고 Oasis 에 발 담구고, 저 멀리 ruin 을 보며,
"Bar Man! Shaken, not Stirred!"

Delacroix 전시에서

Emperor Justinian   Christ on the Sea of Galilee

금, 토요일은 늦게까지 박물관이 개관이니 시간내서 Martini 두 잔 할 기회
찾아보기를.
https://www.metmuseum.org/exhibitions/listings/2018/delacroix
October 23, 2018

Saint Michael slaying the demon   Femmes D'Alger Dans Leur
Saint Sulpice, Paris   Appartment

여권

어느 구석에 묻혀 오래 못 보고 잊고 있던 한 상자를 여니 여권들이 주루룩 나온다.
우리 애들 2살 때 5살 때 여권들, 창화 처녀적 여권, 그리고 내 옛날 여권들도 나온다.
내 것을 들여다보니, 1965년 이동원장관 때 받은 여권을 포함 한국 여권 세개, 미국
여권 세개다. 중학교 때 소년단으로 비율빈 갈 때 받은 여권은 없어진 모양이다.

한 페이지 한 페이지 들여다본다. 첫번 대한민국 여권은 전부 59페이지. 페이지가 모자랄
때마다 더 부치고 또 부쳤다. 두꺼워 잘 접어지지 않아 여권 밖으로 삐져나왔다. 출입국
도장, 비자들, 연장 도장들, 방문 허가 도장들, 마치 방황하는 사람처럼 이곳저곳, 아무
때나 여기 저기 다닌 흔적이 보인다.

뭘 찾으러 이리 돌아다녔나?

뭘 보려, 누구를 만나려?

Hashemite Kingdom 비자가 보인다. 애급에서 요르단으로 가 그곳에 계시던
이목사님댁에서 신세지고 예루살렘으로 갔을 때는 호스텔에 몇일 있었다. 이때는
'67년 전쟁 이전이라 예루살렘은 요르단 땅이었다. 성경에 나오는 곳들을
찾아다니다가 고단해지면 아무데서나 들어눠 쉬고, 참 자유롭던 몇일이었다. 그래선지
예루살렘은 몇번 가보았고 또 가보고싶다.
예루살렘에서 부터 걸어서 이스라엘로 들어갔다. 그때는 이스라엘 비자도 없고 일단
들어가면 다시 아랍 나라로 나올 수 없었다. 이렇게 오래동안 아랍 나라들은 여행객이

이스라엘에 갔었는지 여권을 조사하였다. 지금도 그 것이 문제되기 때문에 이스라엘 국경에서는 여권에 도장을 절대 찍어주지 않는다.

텔아비브로 가 있으며 다음은 어디로 갈까 망서려 보기도했다. 회랍으로 갈까 아니면 키부츠로 갈까?

베들레헴으로 가는길

첫 번 한국 여권 못지않게 두툼한 미국 여권을 들치니 부탄 비자가 눈에 띈다. 유달리 부탄은 불교나라여서인지 깨끗하기 짝이 없다. 친구 Tom Sutherland 소개로 알게 된 불교박사 Karma Wangchuck 을 따라다니며 여러군데 찾아봤다. Golf 도 한번 쳤는데 caddie 들이 어리다. 어린 caddie 들의 스윙들은 좋은데 공들이 어찌나 오래되 까만지, 집에 돌아와 공들을 모아 보내줬다. 이곳 사람들은 이 마을에서 저 마을로 걷는 게 참 인상적이었고, 크고 작은 절들이 깨끗하고 조용한 게 맘에 들었다. Wangchuck 과 Tiger's Nest 절로 가는 가파른 길 오르면서 어찌 힘들던지, 쉬고 있는데 한 스님이 인사하며 지나간다. 속으로 잘 두 걷는다 했더니 우리가 도착하기도 전 벌써 볼일보고 내려오며 또 한번 인사한다.

활쏘기 시합을 구경하는데 과녁을 맞추면 춤추고 북을 울린다. 재미있게들 산다.

하루는 부탄에 잘 알려진 종이 만드는 가게에 갔는데 창호지 같은 종이가 너무 맘에 들어 벽지로 써보려고 사서 둘둘 말아 소포로 부쳤는데, 근 15 년 이상 아직 소포로 둘둘 말린 채 곱게 놓여있다.

그러나 우리의 여권 이야기는 창화가 늘 배꼽잡고 웃는 아이들의 여권으로 이어진다. 신혼기를 지나 첫 아이가 9 개월 무렵 여름을 이태리에서 지낼 때, 여느 때 처럼 로마 비행장에서 입국 마치고, 로마는 물론 터스카니 지방을 차로 돌아다닌 후 뉴욕행 비행기를 타고 JFK 에 내려 귀국 입국하였다. 영주권자로 한국여권으로 다닌 것에 문제는 전혀 없어서 입국 검사관에게 "welcome home!" 인사 받던 때이다.

그런데, 후일 언젠가 퍼뜩 '가만있자 우리가 애기의 여권도 없이 드나들었잖아!!' 깨달았다. 로마에 들어갈 때, 또 뉴욕에 도착할 때, 높히 앉은 입국검사 데스크 아래로 stroller 에 앉은 아기가 지나가는 것이 보이지 않은 모양이다. 말하자면 버젓히 smuggle 한 셈이었다. 아차!

좋은 시절이었다.

둘째가 생긴 후 부지런히 여권들을 챙겨주었지만, 그 곳에는 큰아이의 1979 년 이태리 입국 도장이 있을 리 없고, 그 여행은 사진으로만 남아있다.

이렇게 지나간 여권 한 페지 한 페지 들쳐보며 그때 생각해본다.

부탄, 활쏘기

돋보기

돋보기 찾느라 이리저리,
위에 아래 돌다 상자속에서 세개를 찾았다.
돋보기 찾기 싫어 아마존에서 여섯개를 주문해 방마다 놨는데,
없어지기는 마찬가지다. 알 수가 없다.
찾은 안경 끼고 컴퓨터 드려다 보고 있는데, 애플시계가 일어설 때 됐다고
찌르륵 찌르륵 한다.

우리집 옆으로 흐르는 시냇물이 있다.
계곡을 타고 내려오는 물과 땅에서 나오는 약수물이 합쳐 봄에는 폭포처럼,
큰 가뭄에는 쫄쫄, 항상 흐르는 시냇물이다. 시냇물 어디서 시작하나?
오늘은 일 고만하고 어디서 시작하는지 강아지 조이와 둘이 탐험해보자. 탐험?
조금 올라가면 이젠 다 무너진 옛날 시럽을 만들던 설탕집 (sugar house) 이 있다.
20 세기 초에 지은 나무집인데 안에는 아직도 그때 쓰던 끓이고, 수증기 빼는 큰 통이
있다. 옛날에는 시럽을 만들려 메이플 나무들에다 버켓들을 매달고 나무에서 나오는
단물을 받아 설탕집으로 가져와 끓이고 했는데, 요즘은 프라스틱 튜브들로 걷어들이기
때문에, 양철 버켓들은 딱따구리 장난감 노릇 밖에 못된다.
여기서 조금 더 오르면 돌담들이 있고 그 뒤는 버몬트 주 산림 보호지역이다. 여기에
인삼이 자란다는데 난 어떻게 생겼는지 몰라 지나치곤한다.
아침에 내린 눈 밑으로 꾸불꾸불 거리며 내려오는 시냇물, 끝까지 가보자.

이곳 New England (미국 동북) 지역에 돌담이 이십오만 마일이 있다. 옛 농부들이
밭을 갈며 돌맹이를 움직여 담들을 쌓았는데 19 세기에 땅이 좋은 서부로 가고 이젠
미관용과 집집 경계선으로 많이들 사용한다.

조이와 둘이 반시간을 더 걷는데 목적지는 보이지도 않고 갈 길이 요원하다.
목은 마른데 물병도 없고. 깊은 산중이니 인기척 커녕 눈 위에 동물들 발자국이
잔뜩인데, 도무지 무슨 짐승들인지 알 길이 없다.
어쩌지?
나야 지팽이에 단도를 차고 있으니 곰이나 범이 나와도
물리치면 되겠지만 쪼끄만 조이는? 다음에는 총을 메고
올까? 야수들 도망할 테니.
둘이 시냇물로 내려가 손으로 물을 떠 시원하게 마시고
돌아선다. 마음 놓고 마실 수 있는 시냇물, 후세를 위해
깨끗이 보존하자.

내려오는데 고목이 혼자 서있다. 글쎄, 몇 백년 됐을까?
춥고 뭐가 나올까 걱정도 되고, 또 그림그릴 수첩도
없어 얼른 사진 한장 찍었다. 집에 가 스케치해 효빈이
주게. 다시 돋보기 끼고 책상 앞에 앉으니 애플워치가
오늘 걷는 과제는 150 푸로라고 박수친다.

판데믹의 한 일요일

3월에 Minnesota Stillwater 에 들렀을 때 호텔식당 메뉴에 "고추장" 쏘스 스파게티가 있어 놀라 주방장이 한국사람이냐 물었더니 멕시코 인이라고. 이번 Beckley, West Virginia 가면서 North Carolina Pinehurst 동네에 친구 John 이 새로 지은 집 구경 갔을 때는 동네 식당 두 곳에서 먹었는데, 한 식당 (Ironwood) 에는 32 가 한국식당 뺨치는 비빔밥이 있고, 또 한 식당 (Chapman) 에는 Rubenesque 라 이름을 한 Ruben sandwich 인데 안에 김치를 섞어 넣어 고소하기 짝이 없는 맛있는 점심을 먹었다.

내가 우스개로 BQE (NY 시 Brooklyn Queens Expressway)라 부르는 매콤한 McDonald BTS chicken meal 을 벌써 세번 사 먹었는데, BTS 가 유엔총회에 문화홍보대사로 뉴욕에 와 Met 박물관도 방문했다 한다. Pandemic 으로 많은 사람들을 못 만난 게 아쉽다. 멋진 박물관 층계에서 춤 췄었으면 히트였을 텐데.

어렸을 때는 모르고 흥미 없어 교회에 가면 설교 안 듣고, 젊었을 땐 졸려 못 듣고, 이젠 귀가 늙어 잘 안 들려 못 듣고, 그래도 앉아있으면 여러가지 생각들 정리도 할 수 있고 해 교회는 꾸준히 나간다. Sanctuary 에 앉아 awe 한 느낌은 어디 비교할 수 없다. 천당은 잘 모르겠고 기대도 못하지만 예수님의 모든 것을 좋아한다. 특히 예수님 발자취 찾는 것, Pilgrimages, 옛 교회 건물들, Christian Art, 다 좋다.

오늘은 오랜만에 뉴욕에서 주일을 맞으니 일찍 일어나 Incarnation 교회로 향했다. Central Park 을 건너 5th Ave 로 내려가다 St. Patrick 성당에 들리고 35 가 교회에 8 시반 정각에 도착했다. 5th Ave 는 건물들이 새로 단장하려 scaffold 가 잔뜩이다.

오전 8:30 에 하는 Holy Eucharist 는 30 분이고, 근처에 아침이면 주차를 할 수 있어 꼴푸가기 전 들리기도 했지만 정작은 Sanctuary 옆 아담한 방에서 예배를 보니 목사님 설교를 가까이에서 듣기에 편하고, 성찬 받는 게 좋아서다. 한번은 추운 겨울 민석이가 뉴욕에 왔을 때 묵는 호텔에서부터 둘이 교회로 걸어 내려왔는데 온도가 영하 15 도였다. 그래도 친구와 같이 예배보는 것은 특별해 늘 좋은 기억으로 남는다.

이 교회 나오기 시작은 5 년이 넘었다. 2016 년 2 월 10 일 Ash Wednesday 에 킬리만자로 등산준비로 시내를 걸어 돌아다니다 항상 내부가 궁금했던 이 교회가 열려 있어 들어가니 마침 Ash Wednesday 였고, Adrian Danhauser 부 목사님이 이마에 재로 십자가를 그려주며 무엇을 위해 기도해줄까 묻기에 등산 얘기를 했더니 어깨에 손을 얹고 등산성공하라 기도를 해준 기억은 잊어지지 않는다. 그 이후 Rector 목사님은 은퇴하시구 후임자를 찾는 동안 부목사가 이끌고 있었는데, 이번에 5 년 Priest in Charge 로 연장이 되어 오늘 만나 서로 축하했다. Episcopal Church 는 아직도 여자는 Rector 가 될 수 없다는 데 대해 몇년 전 장문의 항의편지를 보낸 기억이 난다.

오늘 MoMA 에서 하고 있던 Cézanne Drawing 특별전 마지막 날이라 창화와 둘이 찾아갔다. 난 세번 째인데 팬데믹 동안 처음 MoMA 에 가는 창화가 너무 좋아해 나도 덩달아 더 자세히 드려다 보며 같이 기분이 좋았다. 나중에 흉내 내보려 찍은 세잔느

drawing 은 해골인데 왜 해골들을 그렸는지 모르겠다. 창화에게 물어봐야지. British Museum 에서 옛날에 위조범을 사형하는 그림을 본 이후, 가끔 내 newsletter 에 해골 그림을 넣기는 했는데 마침 잘됐다. 이걸 쓰자.

전시 감상 잘 하고 보배같이 보이는 카타로그를 멤버 할인 받아 한 권 사고, 집 근처 콜럼버스 Avenue 로 걸어오니 마침 오늘 Open Street Sunday. Columbus Avenue 는 차 대신 걷는 사람들, 노는 꼬마들, 강아지들, 의자 놓고 앉은 사람 등, 공원이 되있다. 그냥 지나칠 수는 없잖아?

Manny's Bistro 는 길 앞에 테이블들이 있어 하나 차지하고 앉으니 Street Musician 이 기타를 치며 노래를 부르는데 보통실력이 아니다. 좀 오래 앉을 차비하고 와인 한 병 시키고 따가운 해를 받으며 그 집 그림을 그리고 있는데 주인 Manny 가 뒤에서 넘겨다보더니 나보고 건축가냐 묻는다. Bar 를 새로 하려는 데 충고가 필요하다구. Bar 라면 내 전문이니 얼마든지 도와주겠소 했지. 하하!

조금 지나 재즈밴드가 나오고 영감님이 노래한다. 코메디 섞으면서 부르는 노래가 Club 21 에서 오래한 솜씨가 보인다. 특별히 음악인들의 친구, 연예계 한 카플은 왕년의 댄스 챔피온 답게 길에서 멋있는 Argentinian tango 를 춰서 더욱 흥을 돋군다. 이쯤 되니 길은 큰 dance floor 가 되고, 음악 듣는 사람들로 가득 찼다. 팬데믹으로 사람들의 무거운 마음을 오랜만에 잊게 해주니 고맙다.

영감님과 배우 Tony Danza (Taxi TV)

해가 지기 시작하고 음악도 끝날 무렵 집으로 오니 Apple Watch 가 오늘 7 마일 걸었음을 알려준다. 모두 오랜만이다.

Poreč

에어프랑스는 훌륭한 마케팅 프로모션을 진행 중이다. 그들이 제공하는 서비스 덕분에 메인 캐빈에 앉지 말아야 할 이유를 몸소 체험할 수 있었다.

베네치아 공항에서 작은 아우디를 빌려 포레치(Poreč)로 향했다. 아마도 멋진 풍경이 펼쳐졌겠지만, 짙은 아침 안개 속에서 아무것도 볼 수 없었다.

길을 가다 슬로베니아의 작은 trattoria 에서 점심을 먹기로 했다. 주인은 친절하고 세심하게 우리를 맞이하며 생선을 추천했지만, 우리는 그릴에 구운 스캄피와 소고기 수프를 선택했다. 소고기 수프는 한국의 곰탕처럼 깊고 진한 국물에 면이 들어 있어, 긴 비행과 안개 속 운전으로 지친 몸을 따뜻하게 녹여주었다.

포레치는 고대 항구 도시로, 로마와 비잔틴 양식의 모자이크로 유명한 Euphrasian Basilica 가 있는 곳이다. 오랫동안 방문하고 싶었던 곳인데, 실제로 보니 Monreale, Hagia Sophia, Ravenna, Villa Romana del Casale 의 모자이크 만큼이나 아름다웠다. 규모는 작지만, Pre-Christian 비잔틴 양식이 조화를 이루며 독특한 매력을 자아낸다. 우리는 늦게 도착해 한 시간 정도만 둘러봤는데, 이미 성당이 문을 닫을 시간이었고 피로가 몰려왔다. 하지만 내일은 괜찮다. 내일 하루 종일 성당을 다시 방문하고, 수산시장과 올드타운을 여유롭게 둘러볼 수 있다.

우리 호텔은 올드타운 성벽 안에 위치해 있으며, 좁고 구불구불한 돌길과 로마 시대 유적, 그리고 창화가 좋아하는 베네치아풍의 집들이 늘어서 있다. 고풍스러운 항구 도시이지만, off-season 이이라 그런지 거리에 사람이 거의 보이지 않는다.

와인 한 잔만 가볍게 마시려고 들어간 레스토랑에서 결국 이른 저녁 식사를 하게 됐다. 손님은 우리 둘뿐, 그리고 웨이터 셋. 배에서 막 얻어온 싱싱한 오징어를 구어주는데 그야말로 왔다. 식사 후에도 오래도록 앉아 항구보며 여러 동내 grappa 라키야 Rakija 를 마시며 시가를 피웠다. 이곳은 흡연 규제가 비교적 관대한 편이다. 내일 밤, 포레치를 떠나기 전 다시 이곳을 찾아 포레치 송별 만찬을 즐길 예정이다. 휴개실가니 벽에 담배피고있는 큰 Alan Delon 사진이 걸려있다.

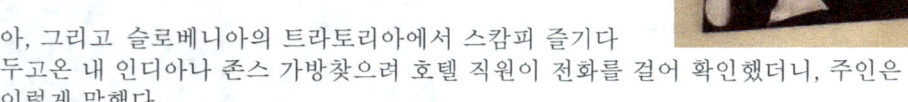

아, 그리고 슬로베니아의 트라토리아에서 스캄피 즐기다 두고온 내 인디아나 존스 가방찾으려 호텔 직원이 전화를 걸어 확인했더니, 주인은 이렇게 말했다.
"걱정 마세요. 여기서 1 년 동안 보관해 드릴게요."
여기 몇일 더 있었으면 하며 Pula 로 향했다.

오늘 첨부 사진 세 장: "오늘의 어획", Slovenia 식당"노인", 그리고 "대성당 모자익"

시장

30 여년 뉴욕에서 사시다가 서울로 이사 가신 어머니 뵈러 매년 한번, 어떤 때는 두번 서울을 들렸다.
일정은 매번 똑같아, 새벽에 공항에 내리면 바로 노량진 수산시장에 들려 싱싱한 생선 한 마리 사서 회를 뜨고 미자네로 가서 생선회와 보글보글 끓여주는 생선 매운탕과 소주 한 잔 마시는 게 즐거웠다. 노량진 수산시장에는 수산물이 없는 것 없고, 털게까지 있어 미자네서 쪄 가지고 연로하신 창화 오빠께 갖다 드리기도 했다. 이제 어머니는 세상 떠나셨지만 지금도 서울 갈 길이 있으면 꼭 반복한다.

시장은 세계 어느 곳을 가든지, 어느 마을 도시를 가든지 전부 있다. 시장에 가면 그 동네 토속식품이 뭔지 알고, 음식도 알 수가 있고, 그 곳 사람들이 어떻게 사는지도 알

수 있어 시장 찾는 게 그렇게 재미있을 수가 없다. 말은 안 통해도 사람의 사는 것이 다 비슷해서 얼른 이해가 통하는가 하면 특이한 것이 눈에 띄어 신기하기도 해서 새롭게 배우기도 하는 곳이다.

우리 내외의 여행에는 그런 전통시장을 찾는 것이 유적이나 박물관 방문만큼이나 비중을 차지한다 할까? 생각나는 시장 몇 군데 적어본다.

노량진 새벽시장

Ashgabat

Turkmenistan 수도 Ashgabat 에 Russian 시장에 갔더니 갖가지 homemade 보드카는 물론 caviar 가 어찌나 싼 지 두 깡통을 사들고 그 다음날 사막에서 야영할 때 campfire 하며 먹은 기억.
또 시외에 야외 시장이 있는데 수공예품에서 낙타 등 동물에 이르기까지 다양한 것을 사고 판다. 그 중에 카펫 마켓이 유명해 많은 사람들이 흙바닥에 카펫을 펼쳐 늘여놓고 앉아서 파는데, 기웃거리는 우리에게 차를 대접한다. 대개는 킬림이 아니고 카펫이며 모두들 자기동네에서 정교하게 짠 양탄자들을 가지고 와서 파는데 우리는 그 중 무늬와 색이 예쁜 두 개를 고르고 흥정을

카펫 가게

시작했다. 이 지역에서는 흥정이 중요한 풍습이며, 즐겁게 흥정한 후에 악수를 하면 신뢰의 도장을 찍는 거라고 생각한다. 흥정 없는 거래는 싱거운 짓이다.

그 다음 이걸 어떻게 가지고 가냐 했더니 소포로 보내주겠다 한다. 믿어도 좋은가 생각도 들었지만 믿어보기로 하고 값을 달러로 다 치렀다. 우리가 나머지 여행을 다 마치고 집에 돌아오니 카펫 소포가 이미 집에 도착해 기다리고 있었다. 배달된 카펫의 포장을 보고 창화는 감탄한다. 옛날 쌀 가마니 싸듯 캔버스천으로 잘 꿰매어 싼 후, 면 로프로 꽁꽁 묶고 그 위에 붉은색 wax seal 들을 온통 꽉꽉 눌러 놓았다.

Aleppo

시리아에는 다마스커스 와 알레포에 souq 들이 있는데 알레포가 더 전통적이고 크고, 물건도 그 지방 것이 대부분이다. 우리는 비누와 차를 사고, 골동품가게에서 옛 교회에서 나온 icon 을 샀는데 이 아이콘이 진짠지 가짜인지 몰라 NY 에 돌아와 박물관 큐레이터에게 보여줬더니, 이 icon 은 진짜지만 그 사람들이 얘기한대로 오래 된 거는 아니다 라는 답이다. 상심해서 가게에 전화해 이 사실을 알려주고 환불을 해 줄 수가 있나 했더니, 자기는 정말 오래된 것으로 알았다 하며, 걱정 말라면서 환불을 해준다. 몇 천년 동안 그 알레포의 상인들이 수많은 사회변동 속에서도 왜 계속 유지할 수 있었는지, 또 실크로드의 상인들 (Silk Road merchant) 상도덕이 이런 것이라 느낄 수 있었다.

Yasd

Iran 에 야스드(Yasd) 라는 시가 있는데, 이곳이 Zoroastrians 본부랄까? 불이 중요한 그들의 불씨가 간직돼 있는 곳이다. Ahuramazda, Anahita, 자연스럽고 정다운 이름들이다. 그 신전 앞에 산 같은 언덕이 있는데 무덤이다. Zoroastrian 들은 사람이 죽으면 그 시체를 언덕 꼭대기에 뉘어놓고, 독수리들이 와 눈을 파먹으면 영혼이 천당으로 간다고 믿는단다. 여기 Yasd 시장이 꼭 상상의 옛 Silk Road 시장 같아 이것저것 구경하다가 칼들 파는 집에서 제일 오래됐다는 호주머니 칼 하나 얻었는데, 너무 오래되 잘 펴지지도 않고 날도 둔하다. 며칠 후 Marco Polo 가 묵었다는 Rayen 에 갔는데 Are you kidding me? 믿지 못하게 Marco 때도 있던 칼 가게! 내 칼을 보더니 좋은 것 얻었다며, 고치고 갈고, 점심 먹고 돌아오니 새 칼을 만들어 놨다.

Kashgar

Silk Road 를 두번째 찾으면서 Kashgar Sunday Animal Market 이 열리는 날짜에
맞춰 일정을 짜길 잘했다.
Bishkek >Osh>Sari Tash, 여기서 Tian Shan 과 Pamir 사이로 꾸불꾸불 고원을 지나
Irkeshtam border pass 를 지나면 신장성의 Kashgar 가
나온다.

우선 Osh 에서 시장을 들리는데, 이 곳은 2 천년 동안 같은
장소에서 Silk Road 의 중요한 역할을 한 시장이다. 없는 게
없고 한국인들도 많다는 이곳은 정말 이방이다. 빵, 어물,
향료, 음식, 옷, 습관, 생김새 등 모두가.

꽁꽁 얼은 Sari Tash 에서 하룻밤 자고, 눈으로 덮인 산들을 넘고, 짐 끌고 걸어 트럭에
기어올라 얻어 타고, 중국국경 통과하니 우리 가이드 Nuria 가 반갑게 맞아준다.
여기부터는 Xinjiang Uygur 나라다. Kashgar 로 향하니 벌써 가축들을 몰고 시장으로
향하는 농부들이 보인다. Kashgar 시장은 구경이 아니고 체험이다. 낙타, 말, 소, 양,
염소들이 끝없이 모여 있고, 동물 외에 Silk Road 이니 비단이 있고, 옷감 조각으로
여자 옷을 만드는 사람, 신발 수선해주는 사람, 양 털 베끼는 사람, 이발사, 채소,
정육점, 각종음식, 음료, 별별 사람들 바쁘게 사고팔고, 음식을 그 자리에서 파는 소위
street food 이 갖가지 섞인 냄새속에서 신기하기만 하다. 이곳에서 처음 라크만
국수를 먹어보고 맛있어 뉴욕에서도 가끔 우즈벡 식당을 찾는데 사막과 혼잡의
분위기가 없어 같은 맛은 안난다.

Paris

빠리에는 Marche aux Puces de Saint Ouen 이라는 벼룩시장이 있다. 한 번은 친구 천룡이가 데리고 가 많이 구경하고 다니는데, 한 집에 괘종 시계가 있어 물어보니 porcelain 으로 알려진 Limoges 에서 만든 시계라한다. 땡땡 하는 소리가 너무 이뻐 그걸 샀다. 그런데 그것이 사기에다 그 안에 또 쇠, 시계가 좀 무거운가? 촛대 두개와 한 쎗트인 시계를 조심하게 싸가지고 다음날 집으로 오는

비행장에 갔는데, 아이고, 렌트카를 잘못 돌려서 딴 터미널로 갔으렸다! 시간은 촉박 하고 내 터미널까지 가야 되는데 시계 보따리는 크고 무겁고. 그 무거운 시계와 내 백 들고 비행장을 뛰는데 터미널에서 터미널로 어떻게 제시간에 게이트까지 가서 비행기를 탔는지는 모르겠다. 그래도 20 년 후에 책장에서 틀어 주면 땡땡 하는 소리에 가져오느라고 힘들었지만 잘 샀다는 생각이 항상 든다.

전주

전주에서는 토요일 마다 만경강 옆에 상인들이라 기 보다는 농부들이 집에서 기른 갖가지 많은 채소와 과일 등을 가지고 와서 늘어놓고 판다. 젓갈도 있고 말린 어포들도

여러 가지라 한참 구경하며 몇 가지 사고서, 시장 안에 들어가서 국수 먹으려 국수집을 찾는데 모두 시장에 갔는지 아무데도 연 집이 없다. 그러다가 한 집에 불이 켜 있는데 아줌마 혼자 부지런히 뭘 하고 있어서, "아줌마 우리 먹을 수 있어요?" 했더니 "네 앉으세요." 하면서 황태콩나물국을 파와 마늘양념과 푸짐하게 넣어 만들어주는데, 참 고맙고 맛있게 먹었다.

Ghardaïa

알제리아 수도 알지에서 Patti Page 노래 You Belong To Me 에 *see the marketplace in Old Algiers* 생각이나 Kasbar 에 올라가니, 골동품가게 몇 군데 외에 옛날시장이 없어졌다. 좀 실망했지만 잘 보존된 이곳 Kasbar 는 기원전 4 세기의 Carthaginian 섬을 내려다보는 경치가 으뜸이다. 알제리아에는 Constantine, Timgat 등에서도 시장들을 갔지만 우리에게 가장 인상깊은 시장은 Ghardaïa 다.

알레리아 사하라 M'Zab 계곡에 그림 같은 도시 가르다이아는 11 세기에 건설된 역사적 도시다. 집과 꼬불탕 골목길, 건물들이 잘 보존되어 걸어 다니면 어떤 시대에 와있는지 알기가 힘들다. 모두 돌이라 흙이 없고, 언덕마을 가운데 우물이 있어 물 떠가고 마시는데, 이 사막에 오아시스라지만 물이 어디서 나오는지 신기하다. 교통수단은 걷지 않으면 당나귀다.

모스크에서 아래로 내려가면 직사각형 시장이 있고 주위 arcade 에 수공품 상점들이 있다. 도시 밖을 의미하는 "Azghar Ougharme"이라고 불리는 이 시장은 지금도 먼 곳에서 캐러밴 상인들이 자주 오며 이 지역에서 가장 활발한 시장이다. 골목으로 들어서면 가르다이아의 자랑 양탄자 가게들이 줄줄이 있다. 대개는 염소털로 짠 kilim 들이고 매년 3 월에 Carpet Festival 이 열려 너나할 것 없이 전국에서 모두 자기들이 만든 carpet 과 kilim 들을 가져와 팔고 시합도 한다는데, 장관이겠다. Festival 은 지났지만 우리도 가게마다 들리며 알제리아 양탄자구경 만끽했다.

Ghardaïa 와 시장의 양탄자 가게

지안 (Jian)
지안은 고구려 무덤에 그려진 벽화, Step Pyramid 같은 모양의 돌로 쌓은 장군묘, 광개토대왕의 비, 국내성 터 등이 있고, 앞에는 압록강이 흐르는 고구려의 수도였다. 여기 강을 건너는 철도 다리가 있는데 중공군들이 건너온 비극의 다리이다.
한 식당에 갔더니 니북 소주가 있고, 고기는 중국 고기였는지 니북 고기였는지 모르겠는데 신기해 먹어보니 맛은 정말 없고, 그것도 소주 라고 마셔야하는지.
또 한 번은 한국말 하시는 아줌마 식당에서 압록강 생선요리등 맛있는 점심 먹으며 이 얘기 저 얘기하고 있는데, 아줌마가, "여기와서 사세요. 집값도 싸고 다 좋아요. " 이곳에 와 살 수 있는 마음의 여유가 있으면 하며 아줌마랑 헤어졌다.

하루는 아침 일찍 호텔에서 나와 열려있는 아침시장에서 재미있는 물건들 구경을 하는 중, 한 아저씨가 목판위에 골동품 몇 점을 놓고 파는데 보니까, 고구려때 만든거라는데 그건 믿을 수가 없고, 대문 자물쇠가 압록강 생선 모양으로 만들어져, "아저씨, 얼마에요?"

압록강 생선요리

그랬더니 불과 몇 불 밖에 안 해 두개를 다 샀다. 옆에 나무로 된 저울이 있는데 35cm 길이에 동으로 된 접시와 추의 조각이 마음에 든다.
이것도 몇 불에 사 신문지에 돌돌 싸 갖고 좀더 가는데,

앞에 김이 무럭무럭 나기에 보니, 어떤 아줌마가 만두를
찌고 있다. 그런데 그 만두 생긴 것이, 내가 중학교 때
학교 끝나고 화신 네거리까지 걸어 나오느라면 거기
안국동 거리에 만두 집! 나는 그 집 만두가 세계에서 제일
맛있는 만두라고 기억하고 있었는데, 여기에서 기다려
아줌마한테 만두 하나 사서 먹으니 맛이 똑 같았다. 그 중학교
만두 이후에 항상 그
맛을 잊지 못해 여기 만두
저기 만두 먹어 봤지만 못
찾았는데.
내가 그 만두를 지안에서 먹었다.

그래서 세계 방방곡곡 시장들 중에
나한테는 지안 시장이 최고, 남바완!
언젠가 고구려가 다시 우리 땅이 돼야 될
텐데. 그러면 그 아줌마 말 따라 지안에
방 하나 얻어 거기 가서 살면 어떨까

아직도 그 생각하고 있다.

Khan el-Khalili
중동지역에서 이 시장이 제일 오래 됐다고 얘기하는 Khan el-Khalili 는 Emir
Djaharks el-Khalili 가 14 세기에 무역을 추진하려 Caravanserai 를 만들었는데 곧
바자로 발달해 상인들이 향료부터 보석, 직물까지 모든 것을 판매하면서 카이로의
주요 상업 중심지로 중동 최대 시장으로 성장했다. 난 한번 구경갔다가 방향을 반대로
잡아 사막 쪽으로 향해 날은 어두워지는데 큰 일 날뻔한 적이 있다.

이제는 옛 영화에서 보는 골동품 같은 것은 없지만 모스크 옆길로 가면 옛날 파피루스 종이와 옛 책들을 살 수 있다. 관광객들이 꼭 들리는 곳이라 많은 까페, 애급 식당들이 있어 물담배 빨며 앉아 지나가는 사람들 구경하는 재미도 있다.

헤롯을 피해 아기예수, 마리아, 요셉이 카이로를 지날 때도 로마시대라 시장은 있었을 텐데.

여기서 가까운 곳에서 쉬며 아기예수가 목이 마르고, 목욕도 시키려 마리아가 물을 찾았지만 사막에 물이 있나? 그런데, 갑자기 땅에서 물이 솟아나와 지금도 그때 자란 나무가 있고, 우물이 있다. 이 기적을 기념하기 위해 세운 마리아교회가 거기에 있다. Holy Family 는 여기서 마아디로 가서 배를 타 Nile 을 건너고 Upper Egypt 로 향하고 아씨욷까지 갔는데, 헤롯의 위험이 없어졌으니 떠나라는 천사의 말을 들을 때까지 지냈다.

아씨욷에는 성가족이 살던 굴 움막을 보존하여 세운 콥틱 교회가 있어 순례지이며 그 인근에 여러 수도원들이 있다. 그 때 축복받은 땅인가? 사막 가운데 푸른 농경지가 펼쳐지고, 우리가 찾아갔을 때는 한창 도마도가 수확을 기다리고 있는 풍요함이 기적처럼 보였다.

The Holy Family 가 지낸 방, Holy Virgin Mary Monastery, Asyut, Egypt

사막

중학교 때 '사막은 살아있다' 영화를 단체로 보고 사막은 어떤 데인가 궁금했는데, 그 이후 지금까지 수많은 사막을 지나쳤지만 보면 볼수록 신비함이 더 깊어진다. Dunes, 오아시스, 색, 사막민족, caravans, 수많은 전설들이 사막을 더 매력 있게 만든다.

1965 년 카이로 근처 Step Pyramid 에 갔는데 앞에는 대추야자 나무들, 그 뒤에 푸르른 나일강, 그 뒤로 파란 하늘아래 끝없는 사막 사하라. 반대편에는 멀리 사막속에 드믄드믄 서있는 피라민 들, 잊을 수 없어 가고 또 가보지만 그 때의 파란 하늘과 조용했던 나일강은 이제 찾아볼 수 없다.

Dunhuang 으로

Dunhuang

Silk Road 를 찾으며 지나간 고비 사막과 타크라마칸. 그 속에도 사라진 도시들과 Dunhuang 옆 사막속의 호수와 한나라 때 세운 장성이 있다. 지금은 남아있는 성벽은 높지 않지만 끝 없이 뻗어 있다. 사막 호수 옆 호텔에서 약 25km 거리에 Silk Road 의 교차점으로 부처님상이 천 개가 있는 Mogao Cave 를 가는데, Silk Road 의 caravan 을 생각하며 낙타를 타고가기로 하여 아침 새벽에 호텔에서 출발했다. 직선거리로는 15km 다. 이 곳 낙타는, 등 하나인 아라비아 낙타라 불리는 Dromedary 가 아니고, 등이 둘인 Bactrian 낙타다. 깨끗한 사막 공기 속에 천천이 흔들 흔들 세 시간이 걸렸다.

Libya 의 사하라 사막에도 군데군데 호수가 있는데, 훨씬 크고, 주위로 대추야자수들이 많고, 그 오아시스에서 Tuareg 사람들이 수공예품을 팔고있다. 지금은 모두 순하고 친절하지만, 까만 옷과 터번으로 가린 얼굴에 두 눈만 내놓고 칼들을 팔고 있는 것 보니 French Legionnaires 생각이 난다. 나도 칼 하나 사고 창화는 길어서 둘둘 감을 수 있는 까만색 투아렉 목도리를 샀더니 투아렉 청년이 웃으며 직접 감아준다. 이 사하라에는 선사시대에는 물이 많았는지, 한곳의 바위절벽에 알 수 없는 사람들이 그린 그림들이 많이 있다. 뭘로 바위에 새겼는지 정교하고, 사막에 없는 동물 그림이 많다. 길도 없는 사막을 차로 달리고 달려도 표적이 없는데 GPS 없이 들 잘도 찾아다닌다. 하기야 낙타 타고 다닌 caravan 의 후손들이니.

슬픈 사하라.
서로 베고 쏘고.
여자들과 어린애들 죽어가고.

수단같이 아름다운 사막과 나일은 보기 힘들다. 먼 호수들에서 사막을 뚫고 폭포도
만들며 오래 흐른 나일강 둘이 만나 지중해까지 올라가며, 그 많은 인류를 먹이며
찬란한 문화를 창조하고 살찌운 것도 만 년이 더 되는데... 왜 아직 평화롭게 못사나?
UN 은 뭘 하나?

지나친 사막들 몇군데 적어보자.
Monument Valley 와 Four Corners
Syrian Desert 와 Palmyra
Cappadocia 와 송이버섯
North Africa 나라들
Persia 끝없는 사막들
Death Valley 와 Furnace Creek Ranch Golf
Karakum 과 Turkmenistan
Arizona cactus
Great Basin 과 Burns, Ketchum, Continental Divide
Mojave 사막과 제일 외로운 길
Route 50

New Mexico 에 있는 White
Sands 는 모래 사막은 아니고
gypsum (석고) crystal 밭인데
하얀 dune 들로 이루어져
아름답기 짝이 없다. 하늘에 구름
한점 없어 육군 미사일 실험기지가
여기 있다. 영락없이 아침 10 시에
시험발사하는데 마치 육이오때
B29 들이 하늘을 나르며 뿜는 흰
구름줄기들을 연상케 해준다. 도로
교통은 정지다.

여기서 Route 66 를 지나 멀지
않은 곳에 신들의 장기판이라
불리는 Monument Valley 가
있다. 신비스럽고 산신령들이 있는 계곡이다. Navajo, Pueblo, Apache 들의 나라.

사막 애기하다 밖에 나와보니 하늘은 수억의 별들로 가득 차 있는데 있어야 할
초생달이 안보인다.
암만해도 타크라마칸으로 다시가 낙타에 기대고 초생달을 찾아야겠다.

강 하나 나두 하나
창화

고대 인류문화의 요람인 강에 관심이 커서 우리 내외는 그 중심으로 여행 계획을 짜기도 하지만 그 밖에도 여행 다니며 만나게 되는 듣기만 했거나 아름답거나 추억의 강은 셀 수 없이 많다.

허드슨
우선 우리가 반세기 넘게 살아온 뉴욕의 허드슨 강이 있다. 매일 봐도 장엄한 경치는 빌딩 숲과 어우러져 감탄하게 된다. 19 세기까지만 해도 강변지역에 굴이 많이 서식해 유럽으로 수출하는 일등 품목이었다고 책에서 읽었는데, 그때와 바뀐 지금에도 허드슨 강의 힘은 변함없이 매력적이다.

우리의 허드슨과의 남다른 인연이라면 1980 년으로 거스른다. 한 여름, 그 때 우리가 새로 산 26 피트 보트를 운전하여 허드슨 상류로 여러 날 생각하고 여행 떠났다. Saugerties 쯤에서 저녁식사도 해먹고 나서 고요한 강 위에 정박하여 밤을 지내려는 데, 바람 한점 없고 찌는 더위에 모기가 덤벼들어 급기야 배를 돌렸다. 두 세 시쯤 할렘 강 입구에 도착하여 우리의 marina 가 있는 뉴로셸로 가야 되는데, 할렘강을 가로 건너지른 기차 선로 철교가 닫쳐 있다. 아침에 할렘강에서 나올 때는 기차 철교가 열려있어 다른 배들과 차례대로 나왔는데, 지금은 한밤중 깜깜하고 고요하니 난감이다. 한참을 우왕좌왕, 맨하튼을 전부 돌아가야 되는가 어쩔 줄 몰라 모터를 붕붕하고 있는데, 어두운데 믿기지 않아 눈을 비비며 확인하는 동안, 육중하게 가로막혔던 기차길 다리가 천천히 열리고있지 않은가! 살았다! 누군가 깨어서 도와주는구나! 감사합니다!

Three Folks, Montana

107

미주리

다뉴브, 라인, 센느, 테임즈 등 유럽의 강들은 주변의 아름다운 경치와 오랜 역사와 문화로 발달된 도시들의 건축물들과 더불어 구비쳐 흐른다. 반면, 미국의 미시시피, 미주리, 컬럼비아, 스네이크 등은 록키 산맥을 비롯한 지역에서 시작하여 광활한 자연을 오래 구비쳐 지나가며 유럽처럼 크루즈 여행보다는 자연과 스포츠를 제공한다.

우리는 재단일로 미국 48 주를 종횡단 운전할 기회가 여러 번 있었는데, 나는 메트 뮤지움에서 가이드하며 소개하는 작품, Bingham 의 "Fur Traders Descending the Missouri "의 미주리 강을 만날 때마다 감탄이다. 몬태나의 Three Forks 에서 Jefferson, Madison 그리고 Gallatin, 세 강이 만나며 미주리가 시작되는 지점을 보았을 때 얼마나 감격스러웠던지! 여기서부터 미주리는 끝 안보이는 대평야를 지나 미시시피와 만나 대서양으로 가는 것이다.
그러나 왠지 우리 내외에게는, Oregon Trail 이 그동안 300 여 마일 따라오던 Snake River 가 방향이 북으로 휘어지므로 작별을 해야 했던 Farewell Bend 가 늘 마음에 애처롭게 남는다. 쎄인트루이스에서 부터 강물에 의지해 오다가 이제는 앞을 기약할 수 없는 험난한 산을 넘어야 하는 개척자들이 강을 이별하고 떠났던 bend 의 슬픔은 아랑 곳 없이 지금은 캠핑 공원이 되어있다.

콜럼비아

Oregon Trail 의 많은 개척자들이 험난한 행열에서 많이 죽기도 했으나 결국 콜럼비아 강을 만나 오래곤씨티 종착점까지 갔다. 우리도 Farewell Bend 에서 오래 지나 콜럼비아 강을 봤을 때 그 많은 물과 장관에 놀랐다. 콜럼비아는 아이로닉 하게도 콜럼버스 이전에 200 여 원주민 부족들이 강에 의존하여 자연과 더불어 살았었다고, 우리가 만난 원주민 Sarah 가 활짝 반겨주며 설명해줬다. 이 멋찐 강을 같이 살게 해준 원주민들에게 참 고맙고 미안한 마음에 고개가 숙여졌는데, 거기다가 이런 막대한 강을 우리가 잘 모르고 있었던 것에 스스로 놀라고 부끄러워 더욱 겸허한 마음이 들었다. 동부에서 사는 사람들이니 이해를 바라는 수 밖에.

Snake River, Lost River

Snake River 가 Yellowstone 에서 아이다호의 광야를 파고 깎아지른 협곡을 이루며 지나는 동안, 한 편, 북쪽의 산 계곡에서 흘러내려오던 강이 둘 썩이나 아이다호 황야에서 사라지고 마는 Lost Rivers 가 있다. Sawtooth 등이 잘 알려진 이 산맥은 헤밍웨이와 연관되어 더 유명한 Sun Valley 스키장 등이 있듯이 물이 많지만, 평야는 고대 화산 용암이 들끓었던 황무지여서 흐르던 강물이 잠적해버리는 자연현상이다.

아무다리아, 씨르다리아

중앙아시아의 Amu Dar'ya, Syr Dar'ya 는 그 반대로 권력 탐욕으로 인간과 자연을 정복하려 든 한 정권의 무지함 때문에 자연을 위반하여 잃어버린 위대한 강들이다. 우리가 2010 년 Silk Road 따라 여행할 때 Sogdian 을 비롯한 많은 문명국을 키워낸 아무다리아, 씨르다리아를 건너며 다리 밑으로 힘차게 흐르는 누런색의 막대한 강물을 내려다보며 그 깊은 역사를 생각했었다. 그러나 파미르와 텐샨에서 시작해 중앙아시아 평야를 지나 Aral Sea 를 만들었던 이 두 강이 여기서는 흐르지만, 20 세기 초중반기에 쏘련이 각 위성국가에 무차별 배정한 획일적인 산업, 농업 정책으로 이 평야에 난데없는 목화밭을 만들고 물을 대기위해 강물을 끌어들인 대규모 개관시설 덕분에 두 위대한 강이 아랄호에 이르지 못하고 마른 것이다. 아랄호가 지구에서 90% 사라진 것은 애초에 각 위성국가가 자립하지 못하도록 강제로 한가지만 생산하게 하는 공산주의가 저지른 인류에 대한 죄라고 한다.
다리 밑의 저 힘찬 물은 목적지에 도달하지 못하는 것도 모르고 흐른다.

인더스, 간지스

Amu Dar'ya, Syr Dar'ya 와 달리 지구의 지붕 반대편으로 흐르며 위대한 고대문명을 키운 강, 인더스와 간지스를 찾아가보았다. 미술사책에서 읽기만 하던 인더스 문명지 모헨조다로와 하라파 유적지 탐방은 내가 배운 것을 그대로 확인하는 감명적인 기회였다.
인더스강가에 서서 앞에 무연히 꿈처럼 보얗게 펼쳐진 인더스를 내려다보니 강변에 소들과 사람들이 물에 들어가기도 하고 나오기도 하는데 마치 지금이 4500 년 전 인 듯 그때처럼 변함없어 보이고, 젖빛의 강과 하늘이 마주 하나가 되어 평화스럽다. 아, 이것이 인더스 구나 온몸에 느껴졌다.

간지스는 시간이 멈춘 듯 넓고도 잔잔한 물이 주변의 냄새와 색채와 함께 녹아 대기와 어우러지는 듯 했다. 불교와 힌두교에 대해 조금 가진 지식이 도움이 됐는지 아닌지 상관없이, 그저 모든 것이 색채의 분위기 속에서 간지스를 바라보면 저절로 도통하는 거 아닌가 싶었다.

인더스 강

우루밤바

그 비슷한 신비한 느낌을 페루의 마추피추에 갔을 때 우루밤바에서도 가졌었다.
간지스와는 정반대로 깎아지른 산 사이로 뱀처럼 꾸불텅 산을 맴돌며 우렁차게 흐르는
강이었고, 손으로 만질 겨를도 주지 않는 강인데, 우루밤바는 그래서 신비할까?
마추피추 산장에서 새벽 아침에 일어나 보니 우루밤바가 뿜어내는 물안개가 푸르고
싱싱한 산을 흰 구름으로 감싸도는 것이 베일을 만들어 자기 모습을 감추고 영
보여주지 않을 기세이다. 어쩌면 El Condor 가 힘찬 날개를 저어 뚫어 주면 베일
사이로 강이 자태를 보이려는 건가?

양자강, 황하

우렁차게 흐르는 강이라 하면 깎아지른 협곡을 뚫고 흐르던 양자강이 생각난다.
유난성의 Leaping Tiger Gorge 라는 아찔한 곳은 건너편과 이편의 깎아솟은 산을
호랑이가 건너뛰었다는 전설이 생길만큼 좁은 절벽 사이로 그 많은 물이 비집고
쏟아지며 우뢰같은 소리 내며 양자강이 지나가는 상류이다.

양자강의 절경도 좋지만 우리가 2 년으로 나누어 완주한 Silk Road 의 도시 랑주에서
만난 황하의 위엄을 잊을 수 없다. 우선 우리는 중앙아시아의 Osh 에서 Sari Tash
거쳐 파미르 고원을 넘고, Kashgar 에 머물다가 Khotan 에서 타클라마칸 사막을
가로지르고, 투르판에서 한(나라) 장성과 양관을 통과해 돈황에서 부터는 밤새 기차로
아침에 랑주에 도착했으니, 옛적 캐라반들의 느낌으로 중국에 들어선 것이다.
랑주박물관에서 메트에서 많이 배웠던 앙소문화 유적품들을 대하며 문명을 만끽한
우리 뉴욕커 캐라반이 황하를 본 감격이란!

넓고 넓은 황하의 빨리 흐르는 물이 위협적이라 아찔했지만 배를 타기로 하고 보니,
대나무로 엮어 만든 뗏목인데 뜨게하는 장치가 희얀했다. 털만 없었지 양 그대로의
모양 가죽속에 바람을 탱탱하고 넣고 네 다리와 목부분을 묶어 약 여덟 마리를 각각 네
줄로 나란히 묶어 달아 놓아 뜨게 한 것이었다. 오래된 지혜라 생각하며 믿고 황하에
떠서 흘러보았다.

나일

성열은 1965 년, 나는 1990 년에 나일강을 보았다. 아니, 경험했다. 나일강은 그렇게 통째로 역사와 문명속으로 끌어들인다. 나일강을 접하기 전 부터도 고대 이집트의 문명은 신비하고 경탄스러운데, 그 문명을 키우고 살찌워온 나일을 실제로 보면 그냥 흐르는 강이 아니라 더 보고싶고 더 알고싶어지는 매혹을 느낀 것은 비단 우리 뿐만 아니고, 이미 19 세기 말 경의 전설적인 탐험가들이 바로 목숨을 걸고 찾아나섰던 것 아닌가?

우리 역시 나일의 시작과 끝과 구석구석을 알고싶어졌고, 그렇게 나일을 알아가는데 성열은 거의 60 년, 나는 30 년 간 여러번의 여행플랜을 거쳐 끝내었다. 전설적 탐험가 못지않는 우리 나름대로의 목적을 성취한 것에 만족한다.

파피루스 배

Blue Nile 의 근원지인 에티오피아의 Lake Tana 에서 섬들에 있는 수도원들의 아름다운 벽화를 보고, Lake Tana 에서부터 나일강이 빠져나가며 시작하는 지점에서는 메트에 전시된 Meketre 의 파피루스 단을 묶어 만든 모형 배 처럼 실제로 파피루스 단을 묶어 만든 배를 타고 낚시하거나 짐을 싣고 가라앉을 듯 다니는 배를 보았을 때 나는 감탄을 금치 못했다. 저거, 파피루스 배, 진짜네!

White Nile 의 근원지 탐험은 성열의 열흘 걸리는 킬리만자로 등정과 시기를 맞춰 졌다. Kili Summit 후 내려오는 그를 게이트까지 마중 가서 만나고, 다음날 19 세기 탐험가들이 떠났던 시작점인 Zanzibar 로 가서 이틀 쉰 다음 White Nile 의 근원 Lake Victoria 와 Lake Albert 로 갔다. 호수에서 나일강이 시작하여 빠져나가는 지점을 본 후 Murchison 폭포의 험한 계곡을 우렁차게 빠져나가 다시 조용히 흐르는 나일강에서 배를 타고 떠내려 가며 우리가 참 먼 곳을 왔구나 감개무량했다. 이 곳은 우간다의 국립공원으로 보호받고 있어 오고 가는 동안 계획한 것은 아니지만 제대로 safari 할 수 있는 보너스도 있었다. 물론 safari 개념 이전부터 White Nile 이 있는 거니 당연한데도.

나일은 고대 이집트 문화의 연결만 있는 것이 아니다. 우리는 두번의 여행에 걸쳐, 성경에 기록된 ”성가족의 이집트 피난“ 이야기의 발자취 따라 세워진 교회 또는 수도원들을 찾아가는 순례의 발걸음도 하면서 Sinai 반도에서 부터, Rosetta, 나일 델타, 알렉산드리아, Tanis, 카이로의 Coptic Church 들은 물론 Asyut 까지 나일강 따라 성가족의 발자취를 찾아갔다.

지중해로 흘러 나가는 나일 델타의 동서 양쪽 끝 Alexandria 와 Rosetta Stone 이 발견된 Rashid 도 가보았고, White Nile 과 Blue Nile 의 각 근원지도 탐험한 우리에게 남아있는 것은 그 confluence 를 보는 것과 말로 만 듣던, 그리고 고대 이집트의 기록에도 있는 cataract 을 보는 것이었다. 목적지는 Sudan. 누비아!

성열은 말은 안 했지만 오래동안 Sudan 의 정치 상황을 주시하는 눈치를 알 수 있었다. 나 또한 bucket list 에 깊이 있었으니까. 종종 이렇게 말을 꺼내기 여러 해 지나, “이제 때가 된 것 같은데… 다른 모험적인 곳과는 달라 쑤단은 너무 후져 창화에게는 어려울텐데…며칠 아무 시설 없는 사막인데…. 자기 몸 자기가 잘 생각해서….” 등등, 일년 걸쳐 꿍꿍거리다가, 우린 쑤단 비자를 신청했다. 온갖 예방접종을 맞고, 가장 시원하고도 온 몸 감싸는 옷 몇 벌 만 싸 들고, 비상약과 응급치료기구 한 보따리 챙기고, 썬글래스 끼고 지팡이 들고 떠났다.

Khartoum 에서 White 과 Blue 가 합치는 소용돌이 물쌀 위에 배 띄우고 나일을 만져보았다.

여기서 하나의 나일강이 북쪽으로 흐르는 동안 이집트 신전 유적이 계속되고, Old Dongola 교회 유적, Jabel Barkal 과 피라미드들, 신전 또 신전들, 고대 이집트 건축에 쓰인 화강암 석재를 채취해 배로 보냈던 선착장과 인근에 즐비하게 버려진 미완성 조각들, Meroe 왕조 (일명 Black Pharaohs) 피라미드 유적들을 본 것은 나에겐 꿈과 같았다. 그리고, 궁금했던 나일의 cataract 을 실제로 보다니, 행복이라 생각 들었다.

쑤단 역시 나일강을 벗어나면 사막이고, 나일이 먹을 것을 공급하는 젖줄이다. 그러나 쑤단의 아름다운 나일강은 길이나 다리가 별로 없고 옛과 변함없어서 나일강 양안의 마을 사람들은 작은 노 젓는 배로 강 건너 마실간다. 우리 자동차는 두 번 모래언덕 둔덕나루에 대는 통통 거리는 ferry 를 타고 건넌 적도 있다. 나일에 통통배를 타거나 노 젓는 배, 높은 삼각형 돛의 felucca 또는 관광 크루즈를 타거나 간에 물위를 떠가며 볼 수 있는 풍경, 농부와 어부들, 동물과 파피루스, 흙담집들과 당나귀 수레, 그 뒤로 사막, 나일강의 일상생활은 유적의 부조와 그림에서처럼 예나 지금이나 시간이 멈춘 듯 평화롭다.

그렇게 순한 사람들 평화로웠던 곳인데, 우리가 다녀온 뒤 두 달 후에 벌어진 현재의
참혹한 내전이 너무나 가슴 아프다. 커피 만들어 주던 아줌마들, 살아있을까?

유프라테스
성경에 나오는 요르단강과 갈릴리는 신앙적 체험에 감격스럽다. 실제로 예수님이
밟으시던 땅이 아닌가!
또 구약시대의 유프라테스 강을 본 것은 역사의 비중감이 느껴지는 참 감격스러운
기억이다.

Met 의 근동 및 메소포타미아 미술 고참 큐레이터인 Dr. Aruz 는 우리가 Mari 와 Dura
Europos 도 간다는 말을 듣고 참 부러운 표정이었다. 로마제국시대 Silk Road 의
중요지로 바그다드와 팔미라 그리고 다마스커스를 잇는 중간에 Al Furat 강
(유프라테스를 그렇게 부른다)의 서안에 위치하여 다양한 문화와 종교가 평화롭게
공존하며 번성하였던 Dura Europos 를 찾아갔을 때 본 유프라테스 는 참으로
아름다웠고 풍요스러웠다. Dura Europos 의 반짝거리는 마이카 석 유적 사이로
푸르른 강과 초록의 비옥한 농토들이 평화로운 배경을 만들어 보였다.

Euphrates 강과 Dura Europos

Dura Europos 에서 조금 더 가면 바그다드여서 가슴이 설레었는데 그때는 전쟁이 막 끝날 무렵이어서 국경이 닫혀 있었고, 시리안 사막 가운데 유일하게 외로이 서있는 바그다드 카페에서 차 한잔 마신 것으로 만족해야 했다.

그 때 우리가 숙박 했었고 Yale 과 Met 도 소장품을 세우는데 관여한 박물관도 있었던 Mari 와 Dier Ez-Zor 는 그 이후 ISIS 의 본거점이 되었고 Dura Europos 유적도 예외 없이 파괴되었다 한다. 다행히도 Dura Europos 의 가장 크고도 보존이 잘 되어있고 종교벽화로 가장 오래된 '모세의 이야기' 벽화는 다마스커스 박물관에 옮겨 전시되고 있었으니 무사한 것으로 생각된다.

유프라테스를 끼고 연속적으로 있는 유적지들 답사도 하면서 강가 오두막에서 여행가방에 준비해간 한국제 휴대용 대나무 낚싯대를 담궈보기도 했고, 아싸드호수에서는 잡은 물고기를 즉석 구워 줘 먹기도 했는데, 그 후 다시는 못 가는 곳이 될 줄이야.

한강, 낙동강

태백을 처음 찾아간 것은 2017 년 3 월 "태백 18" 추모기념비를 보기 위해서였다. 우리가 6.25 재단을 세우고 아직 사업이 구체화되지 않은 때였는데, 우리를 태워다 준 택시 기사가 추모기념비를 일부러 찾아온 우리를 보고 자기 고향에 대한 자부심을 갖고 자원해서 여러 곳을 안내해주었다. 함백산 꼭대기 풍력기들이 있는 곳에 올라 멀리 동해와 끝없이 펼쳐지는 태백산맥의 장관을 보여줬고, 낙동강의 근원지인 깊이를 모르는 황지연못을 보여주고 한강의 시작점인 검룡소에 데리고 가서 우리가 1~2 마일 걸어 올라가 샘이 콸콸 터져 나오는 것을 보고 오게 해주었다.

태백 한 곳에서 한국의 서해로 한강과 남해로 흐르는 낙동강이 시작이 되는 곳이다. 말하자면 태백산을 뼈대로 하고 두 줄기 물이 배출되어 온 땅을 적시는 곳이다. 지금은 폐쇄된 석탄 산골로 어렵게 살아가는 태백이지만 이곳에 찾아왔을 때 한국 사람으로써 당연히 느끼는 바가 있을 것 같다.

나는 자유롭고 자랑스러운 한국인이다!

검룡소와 황지연못

압록강

우리가 연길의 윤동주 생가를 방문하고 지안(집안)에 간 것은 Silk Road 의 하나로
고구려 땅을 밟기 위해서였다. 광개토대왕비, 국내성 터, 장군총 등을 찾아보며
삼국시대를 유적으로 나마 더듬어 보았다. 지안에 사는 많은 고구려 후예들은
씩씩하게 살고 있었고 친절하고 정다웠다. 맛있는 산나물 음식과 이북식이라는
고기구이를 맛보며 앞에 그리 크지 않은 압록강을 내려다보았다. 물고기가 없나?
강가는 아무 기척도 없고 외로운 작은 다리 하나가 건너 놓여있다. 건너편에 일부러
벌거숭이로 만들어 놓은 산들과 연극 세트같이 서있는 집들이 육안으로도 가까이
펼쳐진다.

서러운 압록강.

압록강

고구려 왕능

멀리 보이는 압록강 철교   고구려 동포

November 7

오늘 생일이다. 뭐 할까 하다 우선 생일한잔 하기로 했다. Dylan Thomas 의 spirit 이 떠도는 White Horse Tavern 에 와 White Horse whiskey 한 잔 시켰는데 그건 없다 해 White Label 로 대치하고 생각하니 Brussels 에서 White Horse 에 몇 번 갔던 기억이 난다. 1966 년이었으니 50 년 전이었구나. 그 때 많던 episode 들은 생략하고.

벽에 걸린 Dylan 사진에게 toast 하고 점심 먹으려 Bleeker St. 으로 향하는데 Blue Nile 이름에다 smoke shop 이란 반가운 sign 이 있다. 들어갔더니 cigar 는 없고, Ethiopia 에서 왔나 물었더니 그냥 붙친 이름이라 해 실망했다. 싱겁긴!

이러다 벼르던 Bleeker Street Fish 집에 왔다.
마침 창화도 회의가 끝났다 해 기다리며 Gruner 한 잔 시켰더니 광고와 달리 없다고 한다. 또 실망. 허 참!
지난주에도, 이때 나오고 내가 좋아하는 Bordeaux 가 있다는 한 bistro 찾아가니 광고한 건 없고 더 비싼 걸 줘 실망했었는데, 이 친구들!

Santorini 로 바꾸고 bar 에 앉아 기다리며 좀 출출해져 이집의 전문 fish soup 을 시키니 "좀 매운데 괜찮으시겠어요?" 한다. "You are talking to a gimchee guy!" Soup 이 매콤하며 맛있다. 도마도 base 로 새우와 white fish 토막을 넣고 끓인 후 큰 bowl 에 담아준다. 배부를까 싶어 반 만 먹으니 기어코 집으로 가져가라 싸준다. 먹든 soup 을 가져가는 일은 처음이다. 이제 내 단골집으로 삼아야겠다.

계속 이메일이 쏟아진다. Trump 찍자고.
Morality 없는 대통령, Cowboy 대통령, Free money 대통령들.
20 년, 이들을 지나니 위대했던 미국의 자취는 점점 찾기 힘들다. 더 쇠퇴를 막을 대통령이 나왔으면.
이번 중국에 가보니 2 년 전 보다 얼마나 더 발전했는지. 오는 길 한국에 들리니, 여긴 더 한심이다. 왜 우리나라 사람들의 agenda 는 폭이 항상 좁은지. 헐뜯고 물어뜯고. 놀부의 나라. 홍부들이 많아지면 얼마나 좋을까?

Main course 로 이 집의 또 하나 전문 Grilled Dorade 를 시켰다.
오래 전 San Domenico Chef Odette 이 내 생일이라고 특별히 grill 해준 Dorade 가 항상 생각나서 식당에 가면 찾고, Citarella 생선가게에 가면 사가지고 grill 하곤 했지만 Odette 의 맛을 못 따랐는데 이 집의 Dorade 가 많이 비슷하다. 아까워 이것도 반 만 먹고 싸가지고 나와 Lhasa 전시 보려 천천히 걸어 Rubin Museum 으로 향했다. Potala Palace, Jokang Temple, Drepung Monastery 들을 한폭으로 잡은 그림, 개발 전의 사진들을 재미있게 보고 bus 에 오르려는데, Uh uh! 내 Metro Card 어디 갔지? 암만 찾아도 없다. 당황하는 나에게 뒤에 앉았던 한 흑인이 대신 내주겠다고 운전수한테 자기 카드를 주니, 운전수는 손 내저으며 "It's OK!" 한다.

고마와 Baisha Town 의 500 년 된 은행나무에서 떨어진 잎사귀를 책갈피에서 꺼내
주고 서로 돕는 사회를 갈망하는 대화를 나눴다. 운전수 한테는 오늘 내 생일인데
고맙다 했더니 "My pleasure. Happy Birthday!" 한다.

내일 투표하러 Vermont 로 운전할 생각하고 일찍 생일을 끝내야겠다.
2016 년 11 월 7 일 NYC

A Lost City on the Silk Road

Hemingway

가끔 유럽에 가면 헤밍웨이가 들렸던 식당과 카페 찾는 게 재미 중에 하나다. 특히 빠리, 베니스, 마드리드, 바르셀로나에 가면 헤밍웨이 때 장식 그대로 놓아두고 드링크도 똑같고 해서 재미있다.

열거해볼까?

Key West 에는 Sloppy Joe's
Paris 에는 Les Deux Magots (Sun also Rises), Café de Flore (Dry Martini), Closerie des Lilas 와 Brasserie Lipp 등등
Madrid 에는 La Venencia 와 Sobrino de Botín (suckling pig)
Venice 에는 Harry's Bar
Barcelona 에는 Bar Marsella
Valencia 에는 Reina Victoria Hotel
Pamplona 에는 Gran Hotel La Perla

이 중 내 favorite 은 Bar Marsella 와 La Venencia 다. 이 두 군데는 Hemingway 가 다녀간 이후 먼지를 털지 않은 병들이 벽에 가득 그대로 있는 곳들로 Absinthe 와 Sherry 가 전문이다.

헤밍웨이가 말기에 살던 집이 Idaho 주 Ketchum 에 있고, 그 곳에 그의 무덤과 기념비가 있다. 그가 매일 가던 Bar Sawtooth 가 Main Street 에 있고, 좀 떨어진 Sun Valley Lodge 206 호실에 묵으며 For Whom The Bell Tolls 를 끝냈으며, 사냥과 낚시를 즐겼다. 지금도 원하면 그 때 그대로 있는 방 #206 에서 잘 수도 있다. 그의 무덤을 찾아갔는데 앞으로는 스키장과 산이 보이고 또 무덤도 마음에 들어 우리도 근처에 자리를 하나 마련하여 비슷하게 비석도 미리 만들어 놨지만 물론 아직은 갈 생각 없다.

아직 못 가본 중에 하나가 For Whom The Bell Tolls 를 쓰기 시작한 Old Havana 에 Hotel Ambos Mundos 인데, 큐바 정부가 소유하고 있고 미국 시민은 숙박할 수가 없어서 그 법이 바뀔 때를 기다리고 있다.

우리가 여행한 길 하나가 나일강 원천지를 찾아가는 것인데, 에티오피아의 Lake Tana 에서 Blue Nile, 탄자니아의 Lake Victoria 에서 White Nile 의 시작을 보고,

Blue Nile 과 White Nile 이 합치는 Nile Confluence 는 Sudan 의 Khartoum 에 있어 이곳들을 다 찾아보는데 한 15 년이 걸렸다.

빅토리아 호수를 가려면 킬리만자로를 지나기 때문에 아예 호수도 보고 산도 오르고 하겠다고 킬리만자로 꼭대기에 오른 다음, 산 밑에까지 와서 기다리는 창화를 만나 함께 빅토리아 호수, Lake Albert, Murchison Falls 와 Zanzibar 를 여행한 적이 있다.

언젠가는 킬리만자로는 꼭 한 번 올라갈 수 있으면 하고 생각해온 것도 헤밍웨이의 The Snows Of The Kilimanjaro 단편 소설이 영향을 준 것만은 확실하다.

그래서 빠리도 자주가면서 헤밍웨이가 살던 그때의 빠리를 상상하곤 한다. 빠이프 물고….

La Venencia

Roy Egg

로이 에그는 집에서 7 마일 떨어진 West Pawlet 에서 오래 살던 화가이지요. W Bush 가 대통령일 때 백악관에서 훈장 받고 작품 한 점이 백악관에도 보관되어 있는 시골 예술가입니다. 이름이 Egg 이어서인지 닭을 소재로 그림을 많이 그려 동네에서 Roy 전시집 앞을 Egg Street 이라 지었습니다.

우리가 Roy 를 안 것이 한 십년이 되었을까? 호기심으로 찾아갔다 말이 통해 가깝게 지냈지요. NY Art Student League 에서 공부했고, 혼자 떠도는 성격이지만 근처 동네 축제에는 꼭 그림 들고 참가했고, 그의 그림을 좋아하는 사람들이 많았습니다. 우리도 그 중에 하나였지요.

그의 집 갤러리에 들어가면 꼭 Camino de Santiago 상의 Calzada 에 닭과 얽힌 전설이 있는 교회에 들어간 기분이었는데, 우린 닭은 별로고, 송어 낚시얘기를 했더니 너무 좋아하며 그 이후 우리에게 송어를 많이 그려줬지요. 캔버스에 그리는 게 아니라 오래된 의자, 장롱을 구해 거기에 물고기나 미끼들을 그리기도 하고, 겨울 버몬트 경치도 의자에 그렸죠. 제 지팡이에는 우리 마을 풍경을 그려줘 저는 특별한 날 아니면 그 지팡이를 못 씁니다.

한 번은 Roy 가 서랍장에 그림을 그렸는데 한 면은 제가 낚시하고 또 한 면에는 창화가 빨래하여 빨랫줄에 거는 장면을 그려주었습니다. 남편은 저녁먹을 꺼리 준비하고 아내는 집안 일하고, 하하.

기억력과 발음도 비상해 어려운 "창화" 이름 기억과 발음을 어찌 잘하는지. Roy 는 갤러리 집을 하얗고 빨간 체커 무늬로 칠해놓고, 주말에만 열었지요. 날씨 좋을 때면 문 밖에 앉아 우리 지날 때 마다 손 흔들곤 했는데 판데믹 이후 어디로 떠났는지.

"당신이 그 특정 작품에 당신이 무엇을 하려고 하는지에 대한 모든 영혼과 느낌을 담는 한 당신이 무엇을 그리는지는 중요하지 않습니다."
"Grandma Moses 같은 분은 왜 그 작품이 그렇게 대단한가요? 그녀는 아주 원시적인 예술에 많은 것들을 집어넣었고 그것이 보편화되었습니다. 어떤 예술이든 마찬가지. 다른 사람처럼 그림을 그리거나 대단한 완벽함을 얻으려고 노력하지 않고, 자신이 하고 싶은 일을 하고 거기에 모든 것을 쏟아부었다면 감정을 표현하는 것입니다. 그것이 내가 하려고 하는 일입니다." Roy Egg

뉴욕의 오후

월요일 일찍 의사 약속으로 뉴욕으로 오기로 했다가 Westfall네 성탄 파티 가고 싶어 대신 토요일에 내려왔다.
오랜만에 친구들과 잘 지내고, 다음날 일요일 Christmas Tree 와 Nativity 그림들 보려 Met 박물관으로 향했다. 박물관까지는 집에서 딱 1.5 마일. 구름 한점 없는 푸른 하늘과 띄엄띄엄 있는 늦장 꾸러기 단풍도 보며 Central Park Bethesda Fountain 앞으로 가니 이쁜 여자 둘이서 타이프들을 앞에 놓고 바쁘게 들 때리고 있다.
보니 사람들에게 즉흥시 하나씩 써준다.
너무 신기해 망서리다 노란 타이프를 치는 금발머리 이쁜이한테 '나도' 하니 제목을 묻는다.
흠, 무슨 제목을 줄까? 겨울? 사랑? 친구? 아냐, "Farewell"하니 놀라며 이유를 묻는다.
We all have to bid Farewell to all, soon or later, No? 하니 이 시를 그 자리에서 이쁘게 디자인한 자기 종이에다 타이프 해준다.

12.12.2021

Farewell
I say goodbye once again
to the sky - earth beneath my
feet, soil, flowers each time they bloom.
we always, I suppose, are on our way
to an elsewhere: we must always, then,
bid a farewell.

Remarkable!
감탄하고 호주머니 뒤지니 육 불. 적은 돈
미안했지만 다 털어주고 창화랑 벤치에 앉아
나도 몇 줄 적어보았다.

Farewell
Softly spoken, bittersweet -
Farewell
To those I love, their warmth lingering in
my heart.
Farewell
To the colors of distant lands, painted in memory's glow.
Farewell
To moments cherished, etched in time's embrace.
Let them endure, untouched, unforgotten.
Farewell -
But only for now.

작별
부드럽게 속삭이며, 씁쓸하고도 달콤하게 –
작별
사랑하는 이들이여, 그 따스함은 내 가슴에 남아 있습니다.
작별
먼 나라의 색채들이여, 기억의 빛 속에 그려져 있습니다.
작별
소중했던 순간들이여, 시간의 품에 새겨져 있습니다.
그 순간들이 사라지지 않고, 잊히지 않기를.
작별 –
하지만 잠시뿐입니다.

On Jan 17, 2025, at 1:28 PM, S KOO <tototheb@bellatlantic.net> wrote:

오늘도 맨하탄 하늘에 구름 한점 없고 해만 있는 날, 미국도 한국도 나라가 어지러워 상한 마음 달래려 상감청자 보자고 천천히 박물관으로 향하는데 3 년전에 Bethesda Fountain 앞에서 시를 타이프 해주던 이쁜이가 나와있어 또 적어달라 하니 이 시를 타이프 해주네요.

제목은 그곳 내고향.

흙이 있다
한때 나를 피워낸,
따스하고, 부드러운.
그곳엔 태양이 있었지,
희망의 덩굴처럼,
모든 것의 중심에서,
빛나는 한 줄기처럼.

나는 그녀를 고향이라 불렀다—
그 부드러운 손바닥 안에서
내 소년의 모습과 —
영혼의 형체를 알았고,
잊고 있던 이 빠르게 뛰는 심장의
리듬을 배웠다.

성열에게

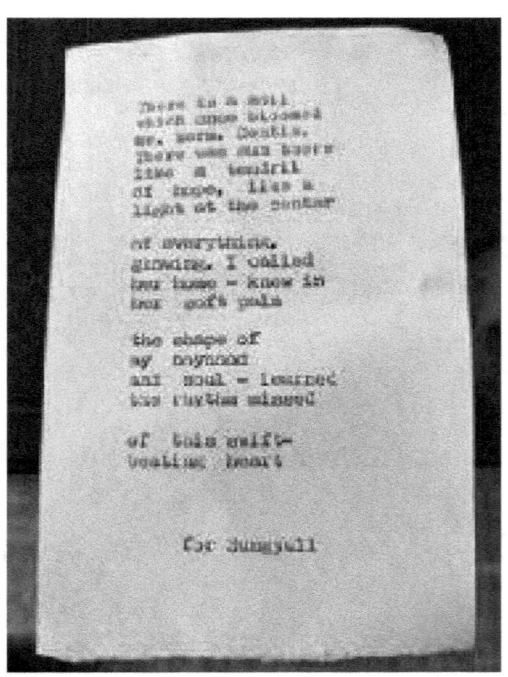

경찰 호위

21 살에 서울 떠나 해외에서 살며 정작 한국친구들은 새로 사귀어보지 못했다. 대부분 미국친구들. 돌이켜 보면 참 다양하다. Ambre, Bass, Josephs 는 첫 번째 직장 친구들이며, Weinstein, Sutherland 는 여행 친구들. Joyce, Ben, Cynthia, Renato 와 Justin 은 바텐더 친구들. 그 외에 Westfall 과 Torrey 를 비롯 Westerman, Andersen, Englander, Hebel, Harrington 은 Meadow Brook Club 친구들이다. Axel, Val, Doug, Helen, Rob 은 Rupert 친구들. 군인으로 한국에 주둔했던 Axel 은 세상 떠났고, Rob 은 동네의 같은 꼴프클럽 멤버다. 산 넘어 사시는 Punch Bowl 베테랑 Charles 씨는 건장하시구.
아, 이건, 경찰호위 애기가 아니군.

신혼 때 Jamaica 에 가 꼴프를 치는데 순경이 기관단총 들고 멀리서 따라오든 게 처음이었다.

한 번은 알제리아에서 늦은 밤 비행기로 Ghardaia 로 가는데 도착하니 비행장에서 여권을 보고서 한쪽에서 기다리게 한다. 도착손님들은 다 나가고 비행장이 어두워지고 텅텅 비었는데, 가끔 공항직원이 걱정 말라는 듯 웃음으로 안심시킬 뿐 영문 모른 채 한참 기다리니 밖에서 경찰들이 약 8 명 우루루 들어와 따라오라고 하며 SUV 에 태운다. 우두머리인 듯한 사복경찰관이 여권을 본 후 가지고 앞차에 먼저 타고간다. 한참 가는데 앞뒤로 중무장한 차들이 깜박거리며 호위한다. 그리고 호텔까지 왔다. 너무 궁금해 무슨 일이냐 물으니,
"안전하지만 특히 미국사람들은 더 예외로 보호합니다." 좋은지 나쁜지.

또 애급에서는 Nile Delta 와 Wadi Natrun 에서 여기저기 걸으며 구경하는데 경찰 둘이 따라다니고, 제대한 Hani 장군의 Eco Lodge 에서 숙박하고 떠날 때는 이번엔 기관총이 장착된 장갑차가 호위해주는데, 길에 지나치는 경찰, 군인 모두 차렸 경례한다. 우리도 덩달아 경례받았다. 생전 처음. 우리는 일등도 아닌 삼등 economy 손님인데 말이다.

이렇게 늙은 부부들에게도
신변을 신경 써주는 애급
정부에게 감사할 수 밖에.

애급, 가고 가고 또 가봐도
항상 신비스러운 곳.
코비드 다 끝나고 다시
가면 또 장갑차가 나올까?

그게 언제일까?

에집트 경찰들과

A perfect haircut

이곳 저곳 돌아다보니 이발하는 취미가 생겼다.

세인트 캐서린 수도원 근처에서 5 이집트 파운드로 머리를 자르던 기억.
영어를 한마디도 못하던 베로나의 영감님 이발사. 정말 도전이었다.
로마에서의 황제 같은 이발.
사라예보 구시가지에서 보스니아 여자 이발사에게 머리를 자른 기억.
더블린에서 가장 오래된 이발소, 도란 이발소.
서울 공덕동 효창원로에 있는 2 대째 내려오는 가장 오래된 곳, 성우 이발소. 1 차
세계대전 당시 그의 아버지가 사용하던 상아 손잡이 면도날. 나는 이곳이 너무 좋아서
그곳에 대해 시를 써 보냈더니 액자에 넣어 벽에 달겠다고 하던데.
알제리 세티프에서의 이발은 관중이 있었다. 우리의 안전을 책임지던 보안 요원과
가이드 사이드.

이발에 대한 기억은 끝이 없지만, 내가 가장 기억에 남아 즐거운 곳은 실크로드의 꿈의
도시, 올드 키바에서였다.
그곳에 들어갔을 때, 여자 이발사들만 있고 남자는 없었다. 혹시라도 나를 티무르로
착각하고 내 머리를 다 밀어버릴까 봐 이발을 하지 않고 얼른 나왔다. 아니면 내가 좀
부끄러웠을지도 모른다.
알고리즘의 아버지, 무함마드 이븐 무사 알콰리즈미는 이곳 출신이다.

하지만 완벽한 이발을 원한다면 미시시피 리플리로 가야 한다.

올드 테일러씨. 82 세의 노년 이발사는 사람들을 만나는 즐거움으로 여전히 머리를
자른다. 그의 가위 움직임은 진정한 예술의 경지에 있다. 마치 콘서트 피아니스트처럼,
마치 이란의 세타르 연주자처럼. 그는 완벽한 이발을 해준다.

그의 이발소안에는 작은 표지판이 걸려 있다.
"군인과 응급구조원에게는 $5 입니다."

"그들은 항상 전액을 주려고
고집해요." 라고 테일러는 말한다.

Ripley, Mississippi haircut was memorable like all other haircut memories I have.

Getting a haircut just outside the St. Catherine Monastery for 5 Egyptian pounds.
The Verona barber who spoke zero English. That was a challenge.
Emperor's haircut in Rome.
Sarajevo Old Town haircut by a pretty Bosnian lady barber.
Oldest barbershop in Dublin, the Doran's.
Oldest second generation barbershop in Old Seoul Sung Woo. His straight razor with ivory handle his father used is from WW I Germany. I loved this place so much I wrote a poem about the place. He was going to frame it.

Algerian haircut in Setif had an audience. A security officer who was making sure we were safe and our guide Saeed.

The list goes on but the one I enjoy remembering the most was in Old Khiva, a dream city on the Silk Road. I walked in and saw only the pretty lady barbers. No men. I did not get a haircut for fear of them mistaking me for Timur 😎 and shave my head. Maybe I was just shy.

Mr. Algorithm, Muhammad ibn Musa al-Khwarizmi, is from here.

But for the perfect haircut, you go to Ripley, Mississippi.
There, the old barber Taylor still cuts hair at the age of 82—not for money, but for the joy of meeting people. His shears move like a concert pianist's fingers. Like an Iranian setar player, each motion is a quiet art. And with it, he gives you a perfect haircut.

A small sign in his parlor says $5 for the soldiers and first responders.
"They always insist giving me the full amount."
Old Taylor says.

Silk Road 의 골목길

1998 년이었던가, Nagoya 대학에서 서명연구로 박사학위를 받은 Damascus 대학의 Maan 교수를 만나려 처음으로 Damascus 를 찾아갔었다.

벌써 많은 나라들을 여행했고 살기까지 했지만 Syria 에 대해서는 너무나 아는 게 없어 짐 속에 지남판을 비롯해서 물 소독약과 비상 구조품들을 가득 넣었는데, Damascus 에 내렸더니 구멍가게들에 Johnny Walker, Marlboro, water bottle 등 없는 것이 없었다. 가져간 것 모두 나눠주며 계면쩍었던 기억이 난다.

Bassam 과 Bassim 은 형제인데 Bassim 은 웃기는 사람, Bassam 은 웃는 사람이라는 뜻이란다.
몇 일 있는 동안 Bassim 과 Palmyra 를 구경하고 오는 도중, 멀리 Bedouin 천막이 보여 망설이다 들려봤더니 남자들은 염소 치러 다들 나갔고 화려하게 수놓은 옷을 입은 잘생긴 여자들만 있는데, 큰 천막안에는 못 보던 장식품들이 걸려있고 사막 모래 바닥에는 여러 겹의 양탄자들이 푹신하게 깔려 있으며 임금님이 비스듬이 기대앉는 쿠션이 있다. 그 상좌에 앉으라 해 많이 사양하다 앉았더니 금방 짠 따뜻한 염소 젖과 차를 대접한다. 거절하고 픈 생각이 굴뚝같았으나 꿀꺽 들이켰더니 주위에 앉아있던 여자들이 웃는 게 아마 잘한 모양이다. 마신 뒤에 바닥에 깔린 양탄자를 한참 구경하다 정중이 감사하다고 인사하고, 가지고 있던 선물 하나 두고 온 기억이 난다. 영화에서는 모르는 사람들을 일단 적으로 생각하는 게 Bedou 들 인가 했는데 융숭한 대접은 뜻밖이었다.

Damascus 로 돌아와 양탄자에 대해 물었더니 그건 양탄자라 기 보다는 낙타나 염소 털, 아니면 silk 로 짠 kilim 이라 한다. 그 다음날 친구 Bassam 의 소개로 Damascus Old Town 에서 Kilim 을 전문으로 하는 Yasser 를 찾았다. 그는 매년 kilim 을 사려 Kurdistan, Iran, Turkmen, India, Pakistan, Uzbek, Turkey, Bagdad 등을 여행하는데 어떤 지역은 꼭 낙타를 타야 된다 해 몹시 부러워한 적이 있다.
그후로는 낙타를 타고 사막길을 가다 밤이 되면 텐트를 치고 초생달을 쳐다보며 앉아있는 나를 공상해본 적이 한두번이 아니다. 아직 사막에서 혼자 낙타 등에 기대 달을 보며 자본적은 없지만, 그 낭만을 찾아 집사람과 함께 오늘도 비단길을 걷는다.

그래서인지 Damascus 는 잊기가 힘들다. Damascus 에는 Saul 이 눈을 뜨고 Paul 이 된 Annanias House, Street called Straight Street, Saladdin, souq, 화려한 Architecture 와 Damascus 집들, Roma 와 Islam, mosques 와 churches, glass 와 tile, Umayyad 과 John the Baptist, Antique shops, cafes, cafes...
그리고, Damascus 에서 조금 떨어져 있는 Aramaic 교회에 Byzantine 그림의 기본이 된 누가가 그린 예수님의 초상화가 깊이 간직되있다.

Silk Road 는 중국에서 떠나 Bagdad 로, 또 Euphrates 를 건너 Dura Europos 와 Mari 를 통해 Palmyra 를 지난 다음, Damascus 나 Aleppo 를 거쳐 Levant 와 Anatolia 로, 아니면 Petra 를 통해 Alexandria 로.

가장 오래 지속적으로 살아온 도시인 다마스커스(다메섹)는 방어책의 하나로 외부인들이 길을 잃도록 골목이 미로같이 되있고, 다양한 종교와 문화가 오래 공존해온 곳이다. 이래서 Damascus 는 Silk Road 의 골목길.
이 나라에 평화가 찾아오면 꼭 다시 가보려한다.

그리고, 꺄페에 앉아 물담배 피며 다시 아라비아 꿈 꿔야지.

사도바울을 내린 성

128

건일 아

나 그동안 부다페스트, 유브리아나, 베니스, 마드리드에 들렸다가 엊저녁에 돌아왔다.
이 거의 80 노구, 대서양 횡단, 천 키로 드라이브하니 몸이 노곤해 좀 쉬어볼까 했는데,
영서가 니 얘기해 맘이 상해 한잔했다.
몸에 문제 있니?

A stupid question. We all have those.

너와 나는 같은 반에, 소년단에, 또 연세까지 같이 나오지 않았니? 넌 항상 공부 잘해
내가 원경이랑 층층대에서 간호학과 여대생들 보려 지키고 앉아있으면 뚫고 가곤
했지. 이공대 빌딩 향해.
내가 꺼냈는지 아니면 무정인지, 죽는 말이 나와 난 인디아나 주 빈쎈에 비석 세워놔
걱정 없다 했는데. 뭐보다 내 비석 내가 만드니 마음이 편하구나. 앞으로 다섯 개 더
만들려고. 하하

언제 여행담 얘기하라 했으니 몇 자 적어볼게.

부다페스트는 이번이 두번째. 음식 좋고 싸고, 이쁜 건물들
Blue Danube 양 옆으로 늘어서고, Matthias 성당은 수 놓은
듯 화려한 교회. 그래도 역사를 드려다 보면 인간의 참혹함을

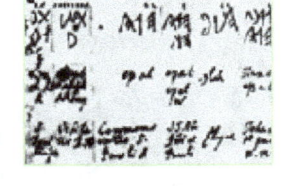

느끼게 하는 도시지만 아직 안 가봤으면 계획해봐라.
부다페스트에 시장이 둘 있는데 caviar 가 싸서 한
깡통 샀으니 만나 나눠 먹자. 보드카 랑. 헝가리
알파벹은 수메리언 같이 붙은 자들. 몰랐지?

유브리아나 (Ljubljana)는 스로베니아의 수도. 몇일
있는 동안 Old Town 에 있으며 cafe hopping, wine
tasting, window shopping, sketching 하며
지냈는데 여자들은 모두 빼어난 선덕여왕들. 은퇴는
거기서 하면 좋겠더라.
여기서 뻐스 타고 베니스로 왔지. 여비 15 유로.
피치를 뺐구나.
어마, 아홉시 지났다. 내일 계속.

건일아, 내가 기억하기론 넌 fighter 다. 무슨
컨디션인지 몰라도 FIGHT IT OUT! OK, My Man?

원래 페스트 부다였다는데 언제 바뀌었는지 까먹었다. 요새 까먹는 게 한두 개니?
재휘가 알 텐데.
페스트에 큰 Heroes Sq 가 있고 여기 있는 National Gallery 에서 Rubens 특별전시를
해 들어갔는데 전시도 좋았지만 건물이 참 맘에 들었다. 삼층 높이 Inner Hall 주위로

전시장들이 있고 특별 전시는 아래층. 그 전날 band 랑 마신 grappa 덕택에 늦잠자고 헐레벌떡 호텔을 나와 out of sync 였는데 마침 Gallery 화장실이 참 좋아 좀 신세 졌다. Rubens 는 얼마나 그림을 많이 그렸는지 여기 저기 많은데 나한테는 Frick Collection 에 있는 Rubens 가 제일 맘에 든다. 언제 또 가보자.

내가 좋아하는 로마 황제 Hadrian (Hadrian's Wall, Pantheon 등) 이 황제 되기 전 여기 Aquincum 경비대장으로 있었다기에 찾았는데 작은 국경 마을이지만 mosaic 부터 장식품까지 잘 보존해 놨다. 작은 마을이라 Decumanus/Cardo Maximus 는 없더군. 여기는 로마 북동 최전방 국경, 강을 앞에 두고 적토마에 올라 82 근 청룡도 휘두르며 오랑캐를 무찌르는 김종서 장군 모시고 같이 싸우던 생각이 난다.

삭풍은 나무 끝에 불고 명월은 눈 속에 찬데
만리변성에 일장겸 짚고 서서
긴파람 한 소리에 거칠 것이 없에라
-김 장군-

Heroes Sq 근처에 한국 대사관이 있는데 오랑캐를 무찌르는 김종서 장군님의 조각이 있었으면 이도시와 잘 어울릴 것 같다.

Aquincum 을 떠나 호텔로 오려는데 택시도 없고 기차역은 너무 멀고, 묻고 묻고 해 뻐쓰정거장까지는 왔는데 어떤 뻐스 타야될지? 마침 두 여대생들 만나 시내로 같이 가기로 했지만 오다 또 같이 길 잃어, 알고보니 유크레인에서 여행왔다나? 창화가 길은 잘 찾아 (김정호 선생 후예) No. 5 기차 타고 여대생들 내려주고, 종점에서 부다 언덕위 호텔까지 걸어 올라왔다. 여기서 보이는 야경이 최고인데 왜 배들을 탔는지.

어찌 이 먼나라를 찾아와, 물귀신들이 되셨나?
Black Forest 에서 아름다운 Vienna, Budapest, Bratislava, Belgrade 를 지나,
Black Sea 까지 흐르는 Blue Danube 에 오셔서,
왜 애처럽게들 가셨나?
한 꼬마까지.
내 오늘 당신들의 영혼을 위로하며 한잔 따르오.
Hadrian 이 지키던 Budapest,
Liszt 의 Budapest,
오십만의 유태인이 희생을 당하고,
자유를 찾아 쏘련군과 싸우며 숨겨간 2,500 민주용사들의 Budapest.
언젠가는 다 가야하는 목숨들이기에
이 곳 잘 선택하신 것 같소.

Franz Joseph 왕이 Budapest 용사의 광장을 열며,
"용서하고 잊으라." 했으니
다 잊으시고 Strauss 음악에 맞춰
아름다운 성곽에 올라 월츠하며 편히들 계시오.
언제 찾아 뵈오리다.

Budapest 에서 차로 세시간 남쪽 Croatia 방향으로 가면 Pécs (피치) 시가 나온다.
로마 무덤의 fresco 를 보러 왔는데 월요일은 닫는다니 허탕치고, 대 성당은 수리 중.
그래도 살짝 안으로 들어가 벽화, 조각들 보면서 기도 올렸다.

Hagia Sophia 같이 교회가 모스크로 되는 곳이 많지만 여기 Széchenyi Square 에
있는 Gazi Kasim Mosque 는 모스크가 교회가 되어 Dome 꼭대기에 초생달과 십자가
둘이 같이 있어 중동사람들에게 보여줬으면 하고 소망했지. 그래서 이 도시 피치를
평화의 도시, 모든 사람의 도시라 부른다.

둘이 Square 구석에 앉아 구라😎쉬 soup 과 local beer 한잔 들이켜니 로마, 카토릭,
오토만 때 사람들이 모두 광장에서 Silk Road 로 가져온 이 물건 저 물건 팔다 우리
보고 손을 흔든다.

여기에 B&B 찾아 한달 있어 볼까?

피치

131

시인들을 찾아 38 시간
9-7-2013

1
짧은 시간에 과연 그 많은 곳들을 찾아볼 수 있을까 하는 기대감과 치밀히 계획한
여정에 도전하는 마음으로 아침 새벽 5 시 장충동 반얀츄리 호텔을 떠났다.
첫번째 목적지 나주. 곰탕의 원조 하얀집에서 아침을 먹으려면 9 시 까지는 가야지.

서울을 떠나 나주에 도달하기전 휴게소가 있는데 이곳이
여산 휴게소. 가람 이병기의 고향이다. 우리 얼을 찾아
떠난 여행이니 둘러보자.
시들을 새겨 논 바위들이 군데 군데 있고 정자까지 있다.
"별...
바람이 서늘도 하여 뜰앞에 나섰더니
서산 머리에 하늘은 구름을 벗어나고
산뜻한 초사흘 달이 별과 함께 나오더라
달은 넘어가고 별만 서로 반짝인다
저 별은 뉘 별이며 내 별 또한 어느 게오
잠자코 호올로 서서 별을 헤어보노라."

세상에 곰탕을 안 먹어본 사람이 있겠느냐 만, 뉴욕곰탕도 있고, 별별 곰탕이 다 있지만
곰탕이라는 이름이 시작된 하얀집을 찾기로 했다. 그 맛은 표현하기가 힘든데 아마
해야된다면 7,000 마일을 비행기 와 차 타고 그 한 그릇 먹으러 갈만하다 할까?

하얀집 옆에 금성관이 있는데, 뒤에는
600 년이 넘은 은행나무들이 있고,
넓은 자리에 단순한 구조와 시원한
건축양식은 나주 이후에 볼 모든
건물을 능가했다. 구경 온 사람 없는
금성관은 마치 우리를 귀빈으로
반겨주는 것 같았다. 쭈구리고 앉아
돌길 사이에 자라는 잡초들을 뽑는
동네 어른들 옆에서 나도 한 포기 쑥
뽑아 책 갈피에 끼어 넣었다.

금성관을 뒤로 두고 사의제로 떠난다.

2
나주에서 강진에 있는 사의제를 찾아가는 길에 화순 옆 능주가 있다. 마침 동네
아침장이 서서 구경한 후 떠나려는 데 한 아저씨가, 어떻게 돈 한푼 안 쓰고 섭섭하게

떠날 수 있냐 해 특별히 살게 없다 하니 꼭 저 할머니 꽈배기를 사먹으라 한다.
"꽈배기요?" 못이기는 척 하며 할머니 판으로 찾아갔다.
알고 보니 이 할머니는 동네에서 존경받는 분으로 꽈배기가 필요하던지 안 하던지
여러사람들이 찾아와 인사하며 튀기자 마자 집어들 가고 있었다. 나도 한봉지 주세요
했더니, 멀리서 온 사람같이 보였는지 새로 꽈배기를 튀기고 정성스럽게 설탕을 뿌린
후 봉지에 넣어 준다. 정성의 손에 2천원을 더 드렸는데 2천원어치를 부득부득 더
주셔 두봉지가 되어 버렸다. 이 꽈배기는 찹쌀로 만들어 쫄깃쫄깃하고 고소한 게
diet은 저리 가고 단번에 봉지 반을 비웠다.

능주에 오래된 정자가 하나 있는데 영벽정이라 한다. 앞에는 깨끗한 호수가 있어
표면에 건너편 산이 영롱히 반사되고 뒤에는 호남평야가 펼쳐 있으며 큰 나무들과
대나무 밭이 둘러싸 참으로 운치가 있는 곳이다.
못된 관리들이 꽃 같은 기생들이 타는 거문고를 들으며 따루어 주는 술을 마시다
김삿갓이 찾아오니 푸대접하는 광경이 보인다. 이것은 옛날이었겠고, 이젠 옆에
고가도로가 서고 기차길까지 지나가 거의 폐허가 되었고, 장어구이를 파는 큰 식당의
뒷간까지 되 찾아오는 이들은 우리와 오줌싸러온 동네 개 밖에 없다. 또 하나의
경제발전 대가인 모양이다. 덕택에 아주 조용해 오래 난간에 앉아 아름다웠을 것 같은
옛날을 생각해본다.

"석양에 사립문 두드리며 멋쩍게 서있는데 집 주인이 세 번씩이나 손 내저어 물리치네.
저 두견새도 야박한 풍속을 알았는지 돌아가는 게 낫다고 숲속에서 울며 배웅하네.
김삿갓"

김삿갓을 작별하고 정약용의 사의제에 도착하니 12시 5분전.
우선 안방에 자리잡고 동동주와 전을 시킨 후 방에 쓰여진 낙서들을 읽어보니 조국의
얼을 찾아보려는 이들이 많은 것 같다.
정약용 하면 슬퍼진다. 제일 가난하다의 표현이 뭘까? 정약용의 시 구절들이겠지.
나쁜 관리들, 굶주리는 농민들. 그래서 그런지 주막집 차림표도 간단하다. 추어탕,
아욱국, 매생이 전, 동동주, 가제미쩜. 동동주에 얼큰해지니 추어탕이 더 구수하구나.
아줌마가 준 커피한잔 평상에 앉아 마시며 둘러보니 특히 담이 참 맘에 든다. 담이 턱
까지만 올라오면 가난하고 정직한 집이라고 그랬던가?

생각은 마땅히 담백해야하니...
외모는 마땅히 장엄해야하니...
말은 마땅히 적어야하니...
움직임은 마땅히 무거워야하니...

I better shut up and move on.
사의제 옆에는 영랑 김윤식의 생가가 있고 강진은 또 우리 도자기의 근원지이기도
하다.

3

강진과 대흥사 사이에 윤선도 박물관이
있다. 산뜻한 실내와 잘 정리된
전시품들은 세계 어느 작은 박물관들과
비교해봐도 손색이 없고, 그 뒤로 복원을
안 한 옛가옥들이 있어 꼭 가볼 만한
곳이다. 매표소 아가씨에게 돈을 주었더니
안 내셔도 돼요 한다. 기분 좋기도 하고
기분 나쁘기도 하다.
안내해주는 영감님이 자기는 윤씨가
아니어서 부자가 아니라고 귀띔해 서로
웃었다. 윤씨 던 아니던 역사와 야사를
합쳐 구수하게 설명을 해주신다.

양녕대군이 그랬을 것 같은 국보급 미인도는 작가의 이름이 없어 국립박물관에 못간
게 참 다행이다. 남자들 중심 유물들 사이에 혼자 있는 이 미인, 홍일점이란 이걸 두고
한 말일까?

대흥사 마애여래 좌상은 박물관에서 너무 시간을 보내 포기해야겠다. 좌상은 용환전을
향해 약 한시간 반 정도 걸어 오르면 된다 했는데, 하룻밤을 지낼 유선관에 도착하니
벌써 네 시가 넘었다. 여관 저녁은 6 시 반이고. 걸어 올라가기 싫어 일부러 늦장 피운
건 아닌데? 유선관은 400 년된 제일 오래된 여관으로, 서편제 영화를 찍은 곳이다.
소리는 듣지 못하나 운치가 많아 마음이 조용히 가라 앉는다.

그 다음날 아침 새벽, 다시 대흥사로 산보가는 도중 한 스님을 만나 좌상을 못 봤다
했더니 꼭대기 어느 암자까지 차를 타고가서 약 30 분만 평탄한 길을 걸으면 된다 해,
제길 제길. 그런데 이 스님은 육척의 키, 시원한 눈에 부처님 같은 귀가 마치 승군을
이끌고 왜놈들을 치시는 서산대사님을 만난 기분이다.

친구와 내기한 게 있어 대웅전에 들어가 부처님께
108 번 절. 난 기독교인이지만 나라를 도와 줍시사
하는데 무슨 관계가 있겠는가?
누어 계신 부처님 형상이라는 두륜산 밑, 산천이 맑고
공기가 깨끗한 숲 속에 지어진 대흥사와 유선관. 바꿔지
않고 그대로 오래오래 있기를 바라며 땅끝마을로
향한다.

"달은 등글어도 보름을 넘지 못하고
해는 정오가 되면 기울기 시작하네
뜰 앞에 잣나무는
홀로 사시사철 푸르네"
-서산대사

4

땅끝마을은 대흥사에서 약 40분. 산길 타고 내려가면 땅끝이라는 광고들이 나온다.
마을이 잘 정돈되어 있고 사람들은 친절하다. 앞 바다에 깔린 어장과 바삐 오가는
ferry 들이 정말 항구마을에 온 기분이다.

우선 땅끝이라는 이정표에서 증명사진 찍고 9시 15분 ferry 를 타고 약 40분,
노화도에 도착했다. Ferry 에 차들을 실어주니 참 편하다. 이지방은 해물양식을 많이
해 자동차의 교통이 필수적인 것 같다.
노화도에서 다리로 연결되는 보길도는 윤선도가 은퇴한 후 살던 유적과 우암 송시열이
시를 새긴 바닷가 바위가 있다. 이 섬은 공기가 깨끗하고 경치가 좋아 유적이 없더라도
몇일 쉬러 올만한 곳 같다.
기대했던 대로 세연정은 우아하고 큰 돌들과 연못이 조화를 잘 이루었다. 들려나오는
조용한 음악을 들으며 생각에 잠겨 옛시절로 돌아가본다.

세연정 앞 조그만 주차장에 동네아줌마들이 별별 말린 해산물들을 가지고 나와 판다.
말린 전복, 말린 문어, 여러 종류 미역, 다시마, 쥐포 등 없는 게 없다.
어민들이 서로 협조해 조합을 만들고 조합을 통해 운영해가는 게 보기가 좋다.

다음 목적지 낙서재는 언덕에 옛집 여러 채들이 있고 정자, 시냇물, 밭, 돌다리,
오솔길들이 잘 조화를 이루었다. 맑은 날씨에 아직도 동백이 한참이라 한 집
대청마루에 앉아 즐기고 있는데...눈앞에 대구에서 온 한 아줌마가 몸뻬를 홀딱
내리더니 쉬를 한다. 기가 막혀 아줌마!! 하니, 이 걸작 아줌마, 비료 좀 준댄다.

보길도를 떠나기 전에 송시열의 시 바위를 찾아갔다. 귀향길에 풍랑을 만나 보길도에
가 쉬던 중 적은 시, 그렇게 나라를 망쳐놓고 아직도 벼슬에 미련이 있는 티가 보인다.

**"여든셋 늙은 몸이 멀고 찬 바다 한 가운데 있구나
한마디 말이 무슨 큰 죄이기에 세번이나 쫓겨나니 역시 궁하다.
북녘의 상감님을 우러르며 남녘바다 바람 잦기만 기다리네
이 담비 갖옷 내리신 옛 은혜에 감격하여 외로이 흐느껴 우네"**

목적지였던 보길도를 떠난다.
기대했던 만큼 속이 차지 않아 그러면 점심이래도 잘 먹어보려 노화도 출발 1시
40분 ferry 를 타고 완도로 향했다.

완도 항구 앞에 수산시장이 있고 그 앞길에 식당들이 있는데, 꼭 수산협동시장에서 산
것만 쓴다는 군. 마침 테이블이 길 앞에 있는 집이 있어 작은 오징어 하나, 멍게 하나,
해삼 하나를 회로 달라 했는데, 주인 딸 아가씨가 어이없는 듯 처다 보더니 소천면
뭐며 여러가지를 내온다. "아니 세 개만 시켰는데!?" "괜찮아요. 많이 드세요" 한다.
여행하는 가난한 늙은이들을 보기가 민망했었는지. 이쁠 뿐 만 아니라 친절도 하네.
고마워 가지고 있던 Godiva 를 주고 수산시장과 해산물 얘기로 시간 가는 줄 몰랐다.

135

참, 서울에서 생선회가 먹고 싶으면 노량진 수산시장으로 가면 된다. 시장에서 먹고 싶은 생선, 전복, 멍게, 해삼을 사들고 그 옆에 미자네 식당에 가져다 주면 훌륭한 회 접시들을 만들어준 후 맵지 않은 매운탕을 끓여준다.

남해에는 작고 높은 섬들이 많고 물이 잔잔해 거북선을 감출 데가 많다. 멋모르고 들어오는 왜적의 배들을 부시는 이순신 장군. 갑자기 광화문 앞에서 북한산을 뒤로하고 나라를 지키시는 장군의 위용있는 조각상이 생각난다.

완도를 떠난 것이 4시 반, 천안에서 Dunkin Donut coffee 와 호두과자를 사먹고 남산에 오니 밤 10시가 되었다.
잊기 힘들 38시간이 될 것 같다.

"북쪽에 갔을 때도 같이 일했고
남쪽에 와서도 생사를 같이 했지
오늘 밤 달 아래 한 잔 술 나누지만
내일엔 우리 서로 헤어져야 하네
이순신
1595월 14일"

1. 서울
September 7, 2013

Korean Air 가 새 터미날이 있다해 기대하고 있었는데 gate 에서 이민국까지 자그만치 2km 나 된다.
이민국은 검사 booth 가 30 군데 되는 것 같은데, 직원은 고작 셋인가 넷이었던가?
노구에 빽팩 메고 Kili 지팡이 짚고 2km 걷고 한 시간을 서서 기다렸으니 실망이 가득 찰 수 밖에. 한마디 했지.
"세상에 엉터리 비행장은 JFK 인데, 도장 찍은 후에 미국시민이면 꼭 Welcome home! 아니면 Welcome to America! 하는데 니들은 어찌 이 모양이냐구."

주위를 둘러보니 많은 여객들이 South Asian 이다. Delhi flight 이었으니 그럴 수 밖에. 우리 자랄 때 중국사람들을 짱깨라 불렀는데 아직도 저개발국 사람들은 기다려도 괜찮다는 태도인 모양. 다음은 구라파에서 와야겠다. 한시간 기다리게 하는지 보고 싶다.

몇 년 동안 서울에 아침 일찍 도착하면 조기사가 마중나와 노량진 미자네 들려 팔팔 뛰는 생선회, 매운탕과 쏘주로 한국방문을 시작했는데, 우리 조기사님이 겨울에 설악산 등산하다 작고하시고, 그의 후배를 한두 번 써 봤지만 같지 않다. 공항급행열차 타고 서울역에 내려 Hilton Millenium 에 도착했다. 이민국 그 친구들, 다 해고시키고 Korean Air 가 이민수속도 담당하면 좋겠다.

호텔에서 반갑게 맞아줘 좀 기분이 나지고, 어머니 뵈러 갔더니 금방 알아보신다. 더 기분이 좋아진다. 뵙고 한참 후 구기동 골목을 내려오는데 모자 눌러쓰고 이쁘게 차린 여자가 쪼끄만 개 두 마리를 데리고 걸어 올라오기에 "아이, 강아지 귀엽다." 쓰다듬어 주며 올려봤더니, "어!"
형수의 동생이며 매제의 누나인 경화다. 구기동 골목에서 만나다니! 참 몇 십년 만에 만난 듯 반가웠다. 다음 날 점심 약속하고 인왕시장으로 향했다. 아줌마가 해주는 감자전과 소주 한잔 들이키려.

인왕시장 입구를 잘 못 찾아 좀 헤매며 두리번거리다 골목길로 들어왔다. 인왕시장은 재래시장이라 남대문 시장같이 잡동사니들 없어 거의 서울 올 때마다 들린다.
그런데 감자전 집이 닫쳐 있다. 옆집 아줌마가 그 댁은 다른 곳으로 이사했다고 한다. 인왕시장을 재 개발한다고 해 실망중이었는데 더 실망하고, 생선가게들 옆 음식 카운터 벤치에 앉았다. 이런 집들을 뭐라 불러야할찌. 포장마차도 아니고 식당은 절대 아니고. One man, 아니 One woman show 라 할까?
앉은 집 이름은 유진이네. KBS 내고향 프로그램에 나왔다고 조그맣게 선전이 되있다. 온돌방처럼 뜨뜻한 벤치에 앉아 오징어 시키니, 건너편 생선가게를 향해 "언니, 싱싱한 것 한마리 줘!"
나두, "아주머니 이 흰 생선은 뭐죠?"
"참 가제미에요. 쪄 드세요."
"왜 참 이라 하죠?"

"참이니 감이니 많은데 참이 제일이에요."
동태찌개로 소주 끝내고 노량진 수산시장으로 향했다.

고등학교 선배이신 큰 처남께서 거동을 못하시는데, 지난번 왔을 때 좋아하시는
대게를 미자네에서 쪄서 가져다 드리니 너무 잘 잡수셔서, 오늘 다시 노량진 수산
미자네로 간다. 미자네 가면 난 형부로 통한다. 한번 갔을 때 이쁘장한 주인 딸이,
"어머, 전 형부신 줄 착각했어요. 어쩌면 그렇게 비슷하세요." 그 이후 난 형부가 됐다.
대게가 준비되는 동안 생선회 몇 점 얻어먹고 형님댁을 찾았다.
경기와 공대 출신으로 신우, 순권이 선배시다. 교회설계 전문으로 오피스텔에 사무실이
있고 그 옆집에서 살며 회사일을 돌보신다. 사시는 오피스텔은 하늘로 치솟는
롯데타워 옆에 있다. 펴기 힘든 목을 달래가며 꼭대기를 올려다보니 타협과 관대를
모르는 이나라에서 떠나려는 차비를 한 모양, 높이 높이 올라간다.
선배 형님은 취미로 장독을 이용해 기가 막힌 소리가 나는 스피커를 디자인하고 직접
만들어 오디오 전문 음악 기호인들에게 나눠주는데, 큰 돈도 안 받으시는 모양. 벌써
우리한테도 세 쎄트를 보내주셔서 시골집에서 들으면서 한국 생각하곤 한다.
맑고 밝은 정신에 부자유한 몸으로 게를 즐기시는 것 보니 갑자기 Billy Graham 이
세상 떠나시기 전 하신 말이 생각난다.
"I am only changing my address."
작별은 항상 힘들다.
눈물 흘리는 아내 손잡고 호텔로 오니 하루 해가 저문다.

2. Seoul Visit January 6, 2019

가는길

날짜가 많이 남았다 싶던 서울여행이 오늘로 다가왔다. 지난 삼 월에 갔었으니 10 개월
만에 나 혼자 다시 가는 거다. 짧은 닷새 여행이다. 이번엔 어머니께 세배 드리고
생신도 챙겨드리고, 하루 부산에 다녀올 계획을 잡았다. 작년 창화와 강원도 태백중학
학도병 Memorial 을 찾아본 다음 계속 부산으로 가 UN 군 묘지를 방문하려 했는데,
폭설로 포기했기 때문에 이번에 당일치기로 다녀오려 한다.

요새는 왜 짐 싸는 데 시간이 걸리고 뭐가 많은 지. 싸는 건 아내가 해주지만 필요한 것
챙기는 건 내 몫. 가지러 저 방에 갔다가 영 딴 걸 가져오고, 왔다갔다 다. Laptop
한대와 Blackberry 만 가지고 Road Warrior 라 하며 여행할 때는 정말 옛날이고, 이젠
거기에 iPad, iPhone, apple watch, headphone 과 cable 과 charger 와 wire 들이
늘어났으니 이동하는 사무실이다. 또, 이 약 저 약 챙겨야지.
아내가 잘 싸준 트렁크 하나 간단이 들고 배웅 받으며, 아리랑택시로 JFK 에 traffic 도
없어 40 분에 왔다. 이 아리랑은 몇 십년을 타는 콜택시다.

발이 낫지 않아 wheelchair 를 미리 부탁했더니 정작 타지는 않았지만 check-in 이
척척이다.

Gate 앞에 와 자리잡고 앉으니 Air France 탑승하라는 announcement 가 나온다.
그건 빠리행이다.
빠리. 항상 정다운 곳이다. 처음 갔을 때가 1965 년이다. UNESCO 를 방문해 회의에
들어가 엉터리로 주절거린 생각이 나는데, 아마 내가 UN 학생협회 회장하며 두 번
주도했던 모의 UN 총회를 자랑했겠지.
Tour Eiffel 앞 youth hostel 에 머물었는데 그 때 Copenhagen 에서온 Birte
Jensen 을 만나 친구가 됐었다. 그 후 Brussels 에서 살며 Copenhagen 까지
찾아가기도 했었는데, 내가 미국에 온 후 Israel kibbutz 에 같이가자 조르더니
이름을 Tatiana 로 바꾼 후 Israel 로 혼자 떠났다. 얼마전 옛 앨범을 열었더니 그 때
Birte 사진이 껴 있어 집사람한테 물으니 젊었을 때 추억 잊지 말라고, 허 참.

Lufthanza 는 Frankfurt 로 떠난다고 방송한다. Frankfurt 는 1966 년 친구 재휘 약혼
때 처음 간 후, 회사 개발팀이 Stuttgart 에 있어 자주 지나던 도시이며 Botticelli 특별
전시도 보러 간 적이 있다. 한번은 NY 돌아가는 길에 재휘 club 에서 golf 친후 club
식당에서 둘이 grappa 한 병을 비우고 다음날 비행기를 놓쳐 덕택에 차 빌려서
Luxembourg, Paris 등 떠돌며 생각지 못했던 휴가까지 한 적이 있다.

이번에는 Turkish Air 가 Istanbul 로 떠난댄다.
Istanbul. Immortal 도시. Byzantine Empire 이후 empire 라고 부를 수 있는 나라가
있는지 생각해본다. Hagia Sophia 와 Cora Church 의 mosaic 과 벽화, grilled fish 와
Turkish bath, Bosphorus 와 Old Town, 찾고 찾아도 싫증 안나는 신비의 도시이다.

내 옆 gate 가 열리며 Amsterdam 가는 Norwegian Air 가 탑승을 시작한다.
나한테 Amsterdam 은 Kilimanjaro 의 gateway 다. NY 을 떠나 여기서 Kilimanjaro
행 비행기로 바꿔 탔고, Africa 여행 끝내고 다시 여기로와 말고기 먹으며 쉬던 곳이다.
빠리, 로마, 런던, 다 이제 많이 망가진 느낌이고, 남은 데는 Ansterdam 인 것 같다.
중세기에 전염병이 돌아 음식이 떨어져 말고기를 먹은 게 유래가 되 Amsterdam 에는
아직 말고기 요리하는 식당들이 있다. 맛은? 물론 말고기 맛!

이제 대한항공 차례가 온 모양, wheelchair 를 가지고 오기에 사양했으나 막무가내라
얻어 타고 제일 먼저 비행기안에 들어왔다. 자 앞으로 14 시간? 야단났다.

생각에는 하루가 지난 기분인데 아직 4 시간 반이 남았다. 비행기는 베링해를 건너
쏘련? 러시아 상공을 나르고 있다. 저 앞으로 Baikal Lake 과 Ulaanbaatar 가 나온다.
Stepp 의 나라 몽고. 가끔 생각은 해봤지만 가보지는 못했다. 쏘련 상공을 지날 때는
깜깜한 창밖을 내다본다. KAL 007. 그 무렵 한인 golfer 들 중 Billy Hong 이 제일 잘
쳤는데 007 때 희생이 됐다. 그래서 소위 golf 씽글 동호인들이 모여 Billy Hong
Memorial 시합을 가졌는데 내가 버디를 7 개를 내고 우승했다. 항상 쏘련 영공을 지날
때 마다 007, Billy Hong, 또 잔인한 쏘련 빨갱이놈들 기억하곤 한다. 그 이후 버디
7 개 기록 해본적이 없다.

황해가 보이며 고구려 땅에 들어섰으니 80 분이면 인천이다.

부산에서 3 시간

Official Family Duty (?) 는 다 끝내고 오늘부터는 3 일 간 내 여정을 따라 보는거다.
Official duty 라기 보다는 마땅히 해야할 것, 그것도 기쁘게 한 것이니 duty 라 부를 것
까지도 없다.
103 세 되신 어머니 생일 차려드리고, 최근 노인 아파트로 옮겨 가신 고등학교
선배이시자 아내의 큰오빠이신 형님내외를 찾아 뵌 걸 duty 라 할까? 덕택에 팔당
저수지도 구경했다. 또 그 사이에 서울 나주곰탕에서 점심때 거저주는 동동주 마시고.
묘향만두에 가서 만두와 동동주. 시간이 없어 후딱후딱 이었는데, 오늘은 부산
평양옥에 가 앉아 느긋이 즐겨야겠다. Cigar 한 대 들고.

부산. 부산은 피란 후 처음이다.
아침 9 시 KTX 를 타니 대전, 대구에 서고는 11:15 에 도착, 450 km 를 순식간에 왔다.
기차역을 나서니 생각보다는 날씨가 매섭다. 거기에 내복 안 입고 목도리도 두고 와
덜덜 떨린다. 야단이라고 우선 택시를 탔다. 두
시간쯤 타도되겠냐 했더니 쾌이 승낙이다. "유엔군
묘지 부탁합니다."

물론 기대했던 아는 부산은 흔적도 없고 여기저기
솟은 고층 건물들, 사이에 적은 건물들, 아름다운
거 찾지 못하겠다. 옛 피난시절 미군 배가 밤에
도착했는데 산턱으로 높이 오르며 켜 있는 불들을
고층건물로 착각했다가 아침에 보니, 그 좋았던
경치는 사라지고 볼품없는 도시가 나와 놀랐다는
얘기가 떠오른다. 한마디로 정신이 없다.
대학교 동네에서 돌아가니 묘지가 나왔다.
이역만리 남의 땅에 와 묻쳐있는 곳, 찾아오는 사람
많지 않고 쓸쓸하기만 하다.
대한의 사람으로 감사드리며 경례올렸다.

오래는 안 있었지만 한참 자랄 때여서 부산 기억이
생생하다. 보수산 산비탈 야외교실, 고래고기, 천막 학교, 영도다리, 거기다 몇 백번은
불러본 "돌아와요 부산항," 등등. 그러나 직접동기는 6.25 Foundation 을 시작하고
사업의 하나로 부산 U.N. 군 묘지를 참배하는 목적이다. 2,300 명이나 되는 세계에서
유일한 유엔군들의 무덤이다.

그래도 빈 속으로 돌아올 수는 없으니 어디서 점심 먹을까 하다 피란 가 처음 지냈던
초량동 평양옥으로 정했다. 재휘한테 평양옥에 간다 하니 "좋지, 밀면의 원조. 옥류관
찾아가는 놈의 세상인데 피난시절 되새기다니, 파이팅!! Bon Appetit!"

평산옥

역사: 수육과 국수 두 가지 메뉴로 가게를 이끈 지 100 년이 넘었다. 한국전쟁 전
방송하던 라디오 프로그램에 소개된 적도 있다고.
대표 메뉴: 평산옥에서는 무얼 먹을지 고민할 필요가 없다. 부드러운 수육과 그 육수로
맛을 낸 국수는 어느 하나가 빠지면 섭섭한 최고의 조합.
팁: 이 집 수육은 새콤달콤한 특제 소스에 찍어 먹어야 제 맛이다. 단골들은 수육
접시를 비울 즈음 국수를 주문한다. 국수부터 주문하면 수육의 부드럽고 담백한 맛을
제대로 느끼지 못할 수도 있다.

수육 9,000 원, 국수 3,000 원
부산시 동구 초량중로 26.

처음 피란와서 살던 초량동 언덕

3. 서울

어느 마지막 날

항상 서울 올 때마다 아침 비행기 타고 NY 으로 돌아 갔는데 이번에는
mileage 거저표라 저녁 비행기 타시면 어떠세요 해 좋지요 하고 한나절을 더 지내본다.
어머니께 작별인사 드리고, 손녀딸들 도장들 하나씩 새겨 갖고, 아침 길거리 꼬치 하나
사먹고.
어제 무교동 북어집에 국이 너무 맛이 있었기에 그럼 오늘 점심은 그 옆집 낙지집에서
appetizer 를 먹은 다음 북어집으로 옮겨가 국으로 마무리하는 계획이다.
낙지집 이름은 용궁이다.
마침 생각이 굴뚝같던 전복회가 있어 몇 쪽 시키고 낙지전골, 무지 안 매운 걸로, 작은
싸이즈 시키니 꿈틀 꿈틀하는 낙지가 들어있는 냄비를 불 위에 올리는데 낙지들이
뜨겁다고 나오려 한다.

시킨 무지 안 매운 전골이 무지 맵다. 그래 이럭저럭 끝내고 나오려는데, 박봉순
사장님이 "벌써 나가시면 안 되세요." 하면서 성성한 미나리와 부추를 잔뜩 가져와
냄비에 남은 국물에 넣어준다.
부글부글 끓여 국물 한 수저 떠 맛보니 이게 정말 왔다. 그래 내가 봉순사장께 이건
정말 쏘주랑 먹어야 되는데 아직 시간이 일르군요 하니,
"그럼 한 잔 만 드세요."
"소주를 낮 잔으로 파세요?"
웃으며, "아네요, 한잔 드릴께요." 하면서 한 병 가져온다.
"허 참!"
못 이기는 척하며 한잔, 매운탕을 안주로 들이키니 다음가려던 옆집 북어국 생각이
없어졌다. 세상에 한잔으로 끝낼 수 있나 하고 두잔 마시고 기분 좋게 나왔다. 언제 또
오겠다 박사장께 약속하고. 낮 개로 소주 주는 집, 꼭 또 가야지.
청계천 속에 피래미들 구경하다 (징검다리도 건너보고) 호텔로 와 짐 챙기고 일찌감치
비행장으로 떠난다. 몇 일 안 있었지만 많이 보고 집에 간다.

태백중학교, 황지천과 검룡소, 올림픽 운동장, 촌 뻐쓰, 기차여행, 토속음식, 친절한
시골사람들, not so 친절한 서울 사람들, 경희궁, 어머니, 큰처남, 단종, 은호식당
꼬리탕, 행진, 미세먼지, 꼴푸와 여자 캐디, 폭설, 뜨거운 온돌방, 성우이용원.
끝이 없구나.

이러니 고향 찾고 또 찾고.
부디 안전하길..

통도사

템플스테이

서울의 재미는 새벽이다.
산책, 운동, 동이 트는 광경등 여러가지 있겠으나,
나는 서울 떠나기 전 아침을 즐긴다.
청진동 해장국. 무교동 북어국. 명동 곰탕.
오늘 아침은 설농탕이다.
"찬란한 유산"의 토대가 된 신선설농탕집.
아내는 보통 설렁탕, 나는 고기 듬뿍. 네가지 고기를 잘 섞어 맛을 냈다. 거기에 싱싱한
김치 깍뚜기. 냠.

먹는 얘기 그만하고.
경부 고속도로를 탔다. 7 시 5 분전이다. GPS 는 10 시 20 분 도착을 가리키는데,
글쎄 ...
8 시 35 분, 중부내륙 고속으로 경상북도 문경 새재 ...
9 시 53 분 해인사 tollgate ..

안개도 거치고 가야산이 보인다.
10 시 15 분, 해인사에 도착해 차에서 내리니 한 아줌마, "한국, 일본?"
"한국 이죠"
"외국에서" 하며 더덕 좋다고 한 쪽 준다.
요새는 나이가 들어선지 쉽게 감명을 받는다. 어제 안중근의사 생각할 때도 그랬고
여기 해인사에서는 사찰과 대장경을 보호하려 북괴 잔당병을 소탕하라는 폭격 명령을
거부한 김영환 대령의 공적비 앞에 서며 뭉클했다.

해인사 건물들은 선이 유달리 아름답고 색들이 은은해 파란 하늘과 키 큰 소나무들이
잘 어울려 어느 쪽을 봐도 그림엽서다. 하지만 그림엽서들은 Samsung, iPhone 들에게
희생되 이제 보기 힘들다.
부랴부랴 스케치 하나 하고 일어나 지팡이를 드니 11 시 11 분. 통도사로 떠나야지.

12 시 30 분 대구를 지나 다시 경부고속도로를 만나 부산 쪽으로 향한다. 고속도로에서
보이는 대구는 시 전체가 흰 아파트로 가득찬 것 같다.

1 시 40 분. 출출하다. 우선 먹고 보자. 통도사 앞 경기식당.
더덕 정식, 산채 비빔밥, 쌀 막걸리
벌써 절에 들어온 기분이다. 암!

2 시 15 분 간단히 Temple Stay Orientation 을 받고 유니폼으로 갈아 입었다.
앞으로 19 시간 절의 생활을 경험한다.
템플스테이로 준비한 여자용 남자용 따로 큰방 두개가 있다. 깨끗한 온돌로 쉽게
10 명씩은 잘 수 있겠다. 어제는 우리 둘 뿐이라 큰방 따로 하나씩 쓰며 좀 미안한 생각이
들었다.

절의 예의, 하루의 일과에 대해 orientation 아가씨가 자세히 설명해준다.
"정말 와 주셨네요! 전화통화때 꼭 오실 분 같애 연락처를 안 물었는데 와 주셔서
감사합니다." " 아니죠 감사한 건 우리지요."
이렇게 첫인상이 좋게 시작한 Temple Stay 다.

Orientation 이 끝나니 승려같은 아가씨가 살살이 절 구경 시켜준다. 역사 반 설화 반,
재미있게 들려준다. 용이 아홉 마리가 있었던 구용지 얘기. 임진왜란때 강원도로 사리를
피난시켰는데 서산대사께서 통도사는 안전하니 도루 가져가라한 얘기 등.

식사는 공양이라 하고 시간을 엄수해야만 한다. 우리 식사시간은 5:10. 큰 cafeteria 가
둘로 나뉘어 한쪽은 일반사람들, 또 한쪽은 스님들과 우리 같은 Temple Stay 손님.
Buffet 음식은 흰밥, 감자 호박 들어간 된장찌게, 부로컬리와 콩, 표고버섯무침, 배추김치,
우거지국 등.
간단이 식사를 하고 벌써 밤이 된 경내구경에 나섰다. 낮에 절에 왔던 사람들은 모두
가고 고요하다.

6 시에 범종루에서 땅 위의 모든 생명, 바닷속 모든 생명, 하늘의 모든 생명체를 위해
북과 운형종과 생선모양 종을 울린다.
큰 북을 치기위해 한 스님이 모든 힘과 정신으로 큰 나무통을 민다.
고요한 밤에 힘차게 울려 나가는 종소리 ... 경내에 힘을 북돋운다.
종을 친 스님을 따라 대웅전으로 들어가니 이미 예불이 시작됐다. 중들이 경을
합창식으로 외우는데 꼭 monastery 에 온 기분이다.

이어서 3 대 사찰 중 하나인 송광사에서 템플스테이를 하였다. 불, 법, 승의 삼보사찰
중 두 곳에서 템플스테이가 마련되는 행운이었던 것은 비수기에다 주 중이어서
가능했던 것 같다. 이곳은 워낙 사찰의 성격상 법전을 배우는 말하자면 아카데믹한
분위기로 통도사보다도 훨씬 더 조용하고 경내에서 스님들의 모습조차 뜸하였다.

시원히 흐르는 시냇물 따라 깨끗하고 별로 색이 많지않은 고풍나는 건물들이
늘어섰는데, 템플스테이는 아랫쪽에 위치한 아담하고 역시 깨끗한 새 한옥이었다.
통도사와는 달리 가족끼리 한방을 쓰도록 되 있어서 다행이었고, 유니폼은 없었다.
사찰의 규모도 작았는데, 스님들의 방이 쭈욱 있는 여러 개 건물채들이 퍽 컸든 것
같다.

엄격한 공양시간에 맞춰 스테이에서 부터 가장 먼 지점까지 여러 건물을 지나
찾아가니 옛부터 스님들이 공양해온 곳인 듯, 크지 않은 방이 조촐하고 목조 테이블과
의자가 오래된 그대로였다. 대여섯분의 스님들이 조용히 공양하고 나서 식기를
절차대로 설거지하고 나가기에, 우리도 산채 음식 맛있게 깨끗이 비우고 순서대로
설거지해놓고 나섰다.

고요하고 신선한 밤공기를 마시며 아무도 없는 경내를 걸어 숙소에 돌아와 피곤한
몸을 뉘었다. 심신이 다 편안하였다.

고구려

고구려 수도였던 지안은 삼면이 산이고 남쪽은 압록강을 접하고 있어 풍수지리설을 따지지 않아도 명당인 것을 금방 알 수 있다. 육중한 산들을 뒤로하고 힘차게 흘러가는 압록강 앞에 서면 갑자기 뛰는 핏줄이 과연 우리가 고구려의 후손임을 느낀다.

4 년전에 새로 지은 고구려 박물관에는 작년 발견된 비 와 많은 유물들이 보존되어 있는데 선과 색 및 design 의 아름다움과 정교함이 우리가 고구려의 후손임이 다시한번 자랑스러워진다. 중국사람들은 우리를 조선인이라 부르며 광개토대왕의 '광개토'는 빼고 Hao Tai 왕이라 부른다. 혹시 고구려인이라 부르면 대왕의 무덤과 비가 있는 지안에서부터 북으로 고구려의 유적이 있는 길림까지 우리땅이라 주장할 것이 두려운 것인가?

윤동주시인의 생가에 들려 독립 열사들을 생각해보고, 백두산을 지나 지안에 왔다. 강을 건너면 저기가 북한. 탈출하는 사람들을 쏘기 쉽게 산에 나무는 다 짤라 버리고 살지도 않는 가짜 마을들을 강변에 지어 놓았다. 소위 껌 공장에 산 높이 같은 굴뚝이 솟아 있고 옆에 37 년 일본이 만든 다리가 있는데 Friendship Bridge 라 한다. 일사 후퇴 때 중공군 들이 걸어 들어온 바로 그 다리이다. 이 광경을 보며 어둑해지는 저녁 황혼에 이북식당에서 압록강 잉어를 안주로 이북 쏘주를 마시고 있으니 속이 텁텁하기만 하다.

거대한 애급, 로마, 중국 등의 유적을 보며 왜 우리는 석굴암 밖에 없나 했는데 지안에 오니 생각이 완전이 바뀌었다.

많은 능 중에 step pyramid 같은 장군묘가 하나 있는데 사실은 왕능이지만 이 왕(28 대)은 선정을 하고 양민들을 잘 보호해줘 후세 사람들이 장군님의 묘라 이름을 바꾸었다 한다.

먼 길이지만 기회 내어 찾아들 보시기 바란다.

윤동주시인생가

장군묘

광개토대왕비

경주

경주 여행기 재미있고 잊었던 역사 많이 상기시켜 주어 다시 유식해졌다.
경주여행 후편 기대한다
나는 문무왕 수중능을 말로만 들었지 찾아가 본 적이 없거든. 사진 있으면 주변사진
몇장 보내다오.
영서

나라호텔 앞에서 아침 8 시 20 분 Osaka 공항 뻐스를 타려는데 흰 장갑 낀 조수가
내려 우리 짐을 들어준다. 참 크지 않은 뻐스인데 둘씩 일하니 일본도 인건비가 비싸지
않구나 했더니, 시내 마지막 정거장에서 이 친구는 내려 공항에서 오는 반대편
정거장으로 간다. 일본사람들의 efficiency 구나. 1965 년 이후 처음 가보는
일본, 모든 것이 precision, precision 이다.

인천비행장에서 서울역 행 기차를 탔는데 큰 칸에 우리 둘 뿐이다. 걱정이 되어
여자승무원에게 물으니 항상 만원이니 걱정 안 해도 괜찮단다.
서울역에서 고속열차로 신경주역에 도착하니 어둑어둑 해졌다. 일본의 나라호텔에서
아침 먹고, 서울에서 점심 먹고, 경주 코롱호텔에서 저녁 먹으니 신기할 뿐이다. 참
좋은 세상이다.
(오사까에서 부산을 통해 경주로 바로 올 수도 있는데 비행기 시간이 불편하다.)

아침 일찍 불국사에 오니 우리가 첫 번 방문객이어서 조용하고 신선하고 아무
방향으로 사진을 찍어도 사람이 들어가지 않는다. 불국사, 다보탑... 국민학교로 돌아간
기분이다. 아사달과 아사녀의 무영탑은 또 보수한다고 산산 해부를 해놔 참 섭섭하다.
사람들이 오기 시작할 무렵 석굴암으로 향했다. 아침 대신 vending machine
coffee 를 마시는데 좋은 음악이 gift shop 에서 흘러나와 아줌마한테 물어보니 국악
명상음악집. 기념으로 CD 하나 사려하니 cassette 만 있어 찾아보겠다해 우선
석굴암으로 향했다. 올라가 보니 불상 조각들은 유리안에 갇혀들 있어 부처와
보살들을 보지 못해 실망 중인데 더 실망이 크게 관세음보살 사진 한장을 옆에
걸어놨다. 유리속에서, 앞에는 목조건물, 어떻게 왜구를 막으실지가 걱정된다.

집 사람이 올라올 때 층계옆에 신라돌을 봤느냐 하기에 내려갈 때 보려했는데
내려가는 층계는 따로 있어 또 실망하고 있던 차, 그 쪽에도 돌들이 쌓여 있어
쓰다듬으니 마침 김대성과 악수하는 기분이다. 김대성은 일찌기 Silk Road 를 통해
로마로 여행해 빤떼온 건축양식을 익힌 후 인도 절의 구조도 참조해 석굴암을 건조한
한국 제일의 건축가다. (Cornelius Chang 신부님 인용)

층계 아래 giftshop 의 주인아저씨가 내 청바지가 멋있다고 한다. 닳고 헐어 기운 것,
무슨 designer 바지라 생각했던 모양. 십 몇 년 여행하며 해지면 여행지에서 꿰메
입어서 이렇다 했더니 이렇게 검소한 분은 처음 뵙는다며 부득부득 검소상으로
곰보빵을 하나 준다. 내려오니 아줌마들이 CD 를 못 찾았다고 미안해 한다. 나도

미안해 cassette 하나 사들고 나오는데 불국사에서 부터 걸어올라 온 두 여대생들을 만났다. 우리도 걸었으면 했는데, 부럽다.

그 옆에 새로 지은 종각이 있고, 부처님 생일 모금운동으로 한번 치는데 천원이란다. 힘껏 쿵 치니 에밀레 종소리는 아니지만 토함산속으로 내 종소리가 퍼져나간다.

골굴사 꼭대기 바위에 새겨 논 마애아미타불상이 있다. 대흥사에서 못 본 마애여래 좌상만큼은 못하다고들 하나 절벽에 조각하느라 더 힘들었을 것 같다. 중국의 키질이나 모가오 굴 같지 않지만 아기자기한 맛이 있다. 선무도 시범을 구경하고 내려오다 주지 적운스님을 만났다. 이런저런 이야기하다 다음에 오시면 꼭 템플 스테이를 하라 권장하신다. 그랬으면. 골굴사는 바위가 골같고 그안에 크고 작은 굴들이 많아 지어진 이름이다. 보살 개 조각 머리를 쓰다듬어 주고 감은사로 향했다.

문무왕이 죽어 용이 되어서라도 나라를 지키겠다는 뜻에 바다속 바위섬을 능으로 삼아 모시고, 용이 되신 왕이 쉽게 땅으로 올 수 있도록 수로를 파고 수로 끝에 지은 절이 감은사. 아들 신문왕이 아버지 은혜 감사하다는 감은사. 절은 없지만 남아있는 쌍둥이 삼층석탑들은 석가탑같이 아름답다. 바로 옆에는 조그만 마을이 있고 수로를 따라가면 바다가 나오고 앞에 수중능이 보인다.

모래사장 앞에는 아줌마들이 미역과 오징어 팔고 있고 횟집들이 있다.

의성 회 쎈타   골굴사

횟집을 보니 갑자기 출출해져 들어가려 했더니 여기가 아니란다. 한 5 분 가서 들어간 집이 의성 회 쎈타. 어항에 있는 생선 한 마리 고르고 보니 옆 tank 에 만주에서 먹어 본 털게가 있어 주인 아들 (실제 주인) 한테 물어보니 이북산 이란다. 어떻게 구한거냐 물었더니 배끼리 동해에서 만나 게를 인수 받는단다. 믿기 힘들어 한 마리 먹어보겠다 하니 "좀 비싼데요" 한다. 또 tank 가 하나 더 있는데 그 안에 있는 가제미들 등에 뼈가 있어 물어보니, 아버지가 아침에 낚시로 잡은 생선이고, 내가 선택한 건 양식한 생선. 그래서 바꿔 달랬더니 또 "좀 비싼데요" 한다.

식당에는 한 방에만 손님들이 있는데 면 직원들이 이권 대접들을 받는지 벌써들 취해 소리들이 높아진다. 우리도 자리잡고 앉으니 동동주와 밑반찬이 산더미인데 없는 것이

147

없다. 찐 털게를 맛있게 먹고 나니 또 가제미회가 나오는데 밀반찬을 많이 먹은 후였지만 회를 묵은지에 쌈장과 같이 먹는 별미에 배불리 먹고는 일어섰다. 나오다 붙잡혔다. "아니 매운탕 안드시고 어디가세요?" 거의 야단친다. 배가 너무 부르지만 한 숟갈만 하자고 다시 앉아 맛을 보니 정말 꿀맛이다.

연길에서는 이 게를 털게라고 부르고 경상도에서는 작달게라 부르는데, 이북산이 공해없는 깊은 물에서 잡혀 중국으로 다 수출된다는 유명한 게다. 등에 뼈 있는 가제미는 아시가리라 한다.

걸을 수도 없을 정도로 무식하게 먹고 나오니 주인아들과 동네 사람들이 맛이 있었냐 묻는다. 그래 "좀 비싼데요" 하니 모두 웃는다. 길 건너로 가보라 하기에 마지못해 가보니 조그만 바위섬에 소나무가 한 그루 자라고있다. 절경이다. 그 저편으론 문무왕의 수중능이 보인다.

모인 사람들이 또, 경상도에서 제일 그림 잘 그리는 화가가 와서 벽에 그려논 그림이 어떠냐 묻는다. 글쎄, 토속 냄새가 나는 좋은 그림이라 하니 다들 좋아한다. 참 떠나기 싫은 마을이다.

글이 너무 길어졌으니 점심후 이야기는 나중에.

Irving 의 백년사는 비결

Irving Fields (August 4, 1915 - August 20, 2016)

아침 책상 정리하다 명함이 떨어져 줏으니 오래 보지못한 Irving Fields 명함이라
반가워 호주머니에 넣고 손녀랑 Deerfield 에서 점심 먹고 옆가게에서 제일 마음에
드는 엽서 한 장 골라서 몇 자 적은 후 Irving 과 부인 Ruth 한테 보냈다.
뉴욕에 돌아와 나의 All-time Bartender 친구 Renato 가 따라주는 vodka cranberry
한잔 마시다 왠지 궁금해 Irving 이 일하는 Nino's Tuscany 에 전화했더니 Nino 말,
Irving 이 지난 토요일 세상을 떠났다고.
100 살이 넘었으니 언젠간 했지만 정작 떠났다니 섭섭하기만 하다.

왜 그 많은 명함들 중에
떨어진 게 Irving 꺼고,
왜 엽서를 보내고 싶었고,
왜 전화를 했는지,
참 이상하다.
내가 식당에 들어 갈때마다
아리랑 아리랑 아라리요
피아노 건반을 때려주던 Irving 이.

Nino 는 58 가에 있는 Italian 식당인데
Irving 이 집 옆에 한국 드라이클리닝 주인이
항상 불러주는 "아리랑 아리랑 아라리요🎹"를
기억하고, 우리가 들어서면 그때마다, 재주가
좋아 아리랑을 열 몇으로 편곡을 해 1 분에 끝날
음악을 5 분이나 메들리로 치곤 했다.

쉴 시간이면 나랑 앉아 항상 penne 와 red wine 한잔 마시던 Irving.
Cruise ship 탈 때, 큐바 애기, 등등.
장수하는 비결을 가끔 적어 친구들 한테 주곤 하던 Irving.
Frank Sinatra Band member 였던 Irving.
101 살 돌아가기 바로 전까지 즐겁게 열심히 일하던 Irving.
What courage.
What a life he lived.
내 인생에 한 장이 넘겨진 것 같다.
I will miss him. Dearly.

"Irving, play Arirang again when we meet🎼"
2016, 8 월

백년사는 비결

Irving Fields

140 Central Park South
New York, NY 10019
Tel. 212.245.1598   Fax. 212.595.3196   www.irvingfields.com

"98 Years 'Young' and Still Performing!"

(My secrets to longevity)
by Irving Fields

1. Sense of humor (you'll never get ulcers).
2. Think of 3 magic letters before you make a decision: L T D ...Look, Think, Do.
3. You have to be the first to say "Hello" with a smile on your face and a friendly glow.
4. If you get into an argument, change the subject, and the argument is forgotten.
5. If you want to be successful, sell yourself, and people will buy your product. Believe in what you're selling.
6. When you get up in the morning, tell yourself you will be pleasant to everybody.
7. Thank God for the blessings you have and not what you do not have. Don't envy anyone. There are people worse off than you.
8. Travel is an important part of life. It's cultural, educational, fun & memorable.
9. Enjoy every day to the fullest.
10. Don't be a bearer of bad news.
11. Have an open mind.
12. Be a good listener.
13. Eat 4 hours before bedtime (to digest your food).
14. Keep busy. If you retire, find a hobby. Retire is retard.
15. Never make a decision when aggravated.
16. Work is a blessing, especially when you like your work.
17. DO IT NOW! ...
18. Keep your mind active with something you love to do every day.
    - you'll never get Alzheimer's

Best Wishes,
Irving Fields

150

Eddie

2006 봄, Eddie 제안으로 Eddie, Jennifer, 창화 와 나, 넷이서.
독일에 가서 12.19.2005 에 새 차 찾아 유럽을 빙빙 돌다 가져온 내 BMW M5 타고,
Nova Scotia 로 향했다. 며칠 구경하구 golf 도 치려고.

Halifax 에 도착해 점심 먹으려 큰 바에 들어가니 모두 일어나 박수 친다.
학키 선수였던 Eddie 는 Bobby Orr 하고 콤비가 되 Boston Bruins 로 날렸고,
Bill 이 데려와 NY Islander 의 Captain 으로 Stanley Cup 을 연속으로 4 번 이길 때
활약했다. Eddie, Bill, 둘다 나의 삼사십년 꼴푸 친구들이다.

닷새 동안 매일 아침 비 안개때문에 Nova Scotia golf 는 치지도 못하구, 덕택에 Ann
of Green Gable 까지 가서 Ann 방두 구경하구, Ann Murray 집두 구경하구. 카나다
마지막 타운 St. Andrew's 에서 하루 밤 자구 뉴욕으로 오는거였다.

일찍 나와 신호등에서 기다리는데 한 젊은 친구가 부릉부릉하며 옆에 와 경주하자는
눈치다. 질 수는 없잖아? M5 와 American Muscle Car, line up. 신호가 초록! 부릉
부릉 핑~ 🚗🚙 누가 이겼을까?

오늘 잘 먹기나 하자하고 Maine 주 Freeport 에서 점심으로 lobster roll, 232 마일,
저녁은 만하탄 SD26 에서 이태리, 338 마일, 10 시간 거리지만 7 시간 운전하면서
여러 주 건너뛰며 세끼를 먹었다. M5 덕택에.
이젠 추억의 한 장. Eddie 와 만날 때 마다 빠지지 않고 이야기하는 즐거운 추억이다.

Bill
William Arthur Torrey

첫 "W"

내가 속해 있는 golf club 에서 매년 5 월 Memorial Day 주말에 열리는 2013 년 Fell Tournament 때 20 년 동안 내 골프 파트너이며 절친한 친구 빌 (Bill) 이 경기도중 몸에 이상으로 golf 시합을 그만두게됐다.

빌 은 이후 오래 투병하다 2 년전 세상을 떠났다.

항상 자상하고 휴머 많고 겸손했던 빌.
NHL NY Islanders 이끌어 Stanley Cup 을 네 번 연속으로 이긴 빌.
은퇴하는 줄 알았더니 Wayne Hazinga 의 부탁으로 Florida Panthers 학키 팀을 창단하고 playoff 까지 끌고 갔다.

빌의 완쾌를 바라며 기억하기위해 골프시합을 만들려고
이름을 생각하다 William 의 첫자 "W" 가 잉카 마츄피츄에
동이 틀 때 구름이 산봉우리를 돌며 그려 논 "W" 가 생각이나
9 월 첫 주말 Labor Day weekend 를 이용해 시작한 Match
Play Tournament 가 "W"Cup 이다. 컵은 내가 오래전에 이겨
받은 티파니 은 컵을 내놓았고, 거기 매년 챔피언 이름을
새긴다. 2013 년 12 명 친구들로 시작한 "W"는 Match Play
한도인 24 명으로 늘었다.

30 년 이상 친구였으니 수도 없이 이야기가 많은데 그 중 하나는, 빌이 Florida Hockey Team, Panthers 사장으로 있었을 때 한번 나는 Mr. Hazinga 가족들과 함께 께임을 구경했는데 그날따라 압도적으로 Panthers 가 이겼다.

께임 끝나고 빌이 Arena 시설을 보여주는데 locker room 에 들어가니 다들 가고 Pavel Bure 가 혼자 옷 갈아입고 있어 빌이 나를 소개하며 농담으로 Korean Hockey Commissioner 라 하니 Pavel 이 정색을 하고 인사하며 '내가 한국팀과 경기할 때 항상 오셨다'고 하며 경기애기를 하는데 당황했지만 보조를 맞춰준 생각이 난다. 함께 밖으로 나오니 Pavel 을 기다리던 잘 생긴 여자 몇명이 열광적이다. Pavel 은 Putin 대통령과 친구라 NHL 에서 은퇴한후 Moscow 로 갔다 들었다.

그 이후 Panthers 께임에 여러 번 갔는데 갈때마다 가운데 큰 box 를 혼자 차지하고 앉아 구경하니 사람들이, "도대체 저 사람 누구인데 Wayne 의 box 에 혼자 앉아있지?" 하며 궁금해하면 "Korean Hockey Commissioner!" 라고 통했다.

한번은 이태리 간다니까 나를 Panthers Italy Scout 으로 임명하기도 했다.

평창 Olympics 전 한국에서 여자대표가 NHL Owners 회의에서 Olympic 에 꼭 참석해달라는 presentation 을 했는데 너무들 마음에 들어 해 NHL 이 참가하기로 결정하고, 난 official liaison 을 해주기로 했지만 보험이 문제가 되 실현이 안됐다.

이러면서 30 여년을 golf 치며 정답게 지내던 빌이 세상을 떠났다. Bill 은 아들이 넷인데 나와 나이차이가 많지 않아도 내가 아버지 친구였기에 항상 만나면 예의 갖추고 깍듯이 대접한다.

난 빌을 잊지않으려 마당에 감나무 심고 "빌" 이라 부르는데 벌써 높이가 세배로 컸다.

BILL TORREY NIGHT
January 13, 2001

Bill 에게,
Is there a better time to go?
Is there such a thing?
If there is, then, this was it for Bill.

He told me over the weekend that this winter was hard and difficult.
I had never heard him say that. He has always been courageous – with grit.
Now he is free of all pain.
"Bill, you may have left this world but not from me, Partner!"

He saw his granddaughter Heather being wed.
He saw his family gathered for the celebration.
At the party and when we spoke later by phone, he said,
"I am the luckiest guy to have you as my friend."
Me too, I said.

At the party someone asked me how long I had known Bill.
I said, "Over 30 years."
Man was persistent.
"How did you two meet?"
"Lucky?"
Yes, lucky.

Yes, I have been very lucky and fortunate to have him for a friend and as my golfing
partner for half of my adult life.

**"Bill, get some rest now. When I join you, we'll try
for that Indian Head again!"**
The Cup that eluded us the most.

"Oh, I almost forget."
"I planted a persimmon tree today and named it Bill."
So we stay close.

May 3, 2018

감나무 "빌"

154

헌정의 장
한국전쟁에서 산화한 미국 청년들을 기리며

이 장은, 저와 아내가 함께 미국 49 개 주를 돌면서 깊은 울림을 가진 이야기
몇개입니다.

자유를 위해 낯선 나라에 와서 생명을 바친 미국의 젊은이들 – 그들의 희생이
없었다면, 오늘의 대한민국도, 저희 삶도 존재하지 않았을 것입니다.

저희는 그 고귀한 희생을 기억하고자, 그들의 고향에 있는 초등학교 도서관에
학생들과 함께 책과 도서관 지원금과 소박한 헌정비를 세웠습니다.
이 장에는 그 중 몇 개의 헌정 내용을 기록하여, 한국의 어린이들에게 그 정신을
전하고자 합니다.

하와이 Hawaii

이 Kahuku Elementary School 어린이
도서관은 우리 교포군인 둘을 포함한 다섯
전몰 장병들에게 헌정되었습니다.

- 육군 일병 로드니 노리유키 하마구치
- 육군 일병 앤서니 티. 카호오하노하노
- 육군 일병 찬 제이 박 킴 주니어 (실종)
- 해병대 일병 리처드 복 켈 킴 (실종)
- 육군 일병 허버트 카일리하 필릴라우

두 하와이 장병들은 Medal of Honor
Recipient 입니다.

두 한국 청년

PFC Richard Bok Kell Kim
출생: 1930 년 12 월 17 일
손실 날짜: 1952 년 6 월 13 일
집 또는 입대 장소: 카후쿠 – 하와이 오아후

1952 년 6 월 12 일, 해병 1 사단 해병 1 연대 2 대대는
제임스타운 저항선에서 북쪽으로 약 600 야드 떨어진 북한
운곡 근처의 중국군 방어 진지를 습격했습니다.

155

중국군은 진지를 치열하게 방어했지만 해병대는 포로를 체포하여 심문을 받고 진지에 상당한 피해를 입혔습니다. 그러나 그들이 아군 전선으로 돌아왔을 때 10 명의 해병대원이 더 이상 그들과 함께 있지 않다는 것을 발견했습니다. 구조대가 운곡으로 돌아와 해병 3 명의 시신을 발견했습니다. 하나 나머지 7 명은 결코 회복되지 않았습니다.

오늘 김 일등병은 국립 태평양 기념 묘지의 실종자 법정에 추모되어 있습니다. 그의 이름은 워싱턴 DC 에 있는 한국전 참전용사 기념벽에도 새겨져 있는데, 이 벽은 2022 년 전사자의 이름을 포함하도록 업데이트되었습니다.

PFC Chan Jay Park Kim Jr
출생: 1929 년 8 월 19 일
손실 날짜: 1950 년 7 월 8 일
집 또는 입대 장소: 하와이

1950 년 7 월 초, 북한군의 공격을 받을 당시 미 육군 제 34 보병연대는 오산전투가 일어난 다음날 평택마을 바로 위의 방어진지를 차지하고 있었습니다. 공산군의 공격은 탱크가 주도했습니다. 수적으로 열세이고 효과적인 대전차 무기가 부족했던 제 34 보병대는 완전히 압도당했습니다. 김 찬재 이병은 1929 년 8 월 19 일 카후쿠에서 태어나 미 육군 제 24 보병사단 제 34 보병연대 3 대대 L 중대 소속이었던 그는 전투 철수 중에 체포되어 다른 수감자들과 함께 북한의 Apex 포로 수용소를 향해 행진했습니다. 그는 마을 근처 한장리 정점 수용소에서 사망했습니다. 현재까지도 그는 행방불명으로 남아있습니다..

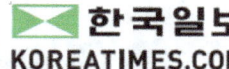

캘리포니아 California

이 어린이 도서관은 글렌 M. 홀 상병께 헌정되었습니다.
미 육군 제 2 보병사단 1 공수 레인저 중대
1930 년 5 월 12 일 출생 – 1951 년 5 월 19 일 전사

소양강 전투에서 대한민국을 공산주의로부터 지키기 위해 장렬히 전사하였읍니다다.

스콧 밸리와 한국전쟁의 영웅

글렌 M. 홀 상병은 캘리포니아 주 시스키유 카운티의 스콧 밸리에서 자라난 미국 원주민 샤스타 부족 출신의 젊은이였습니다. 한국전쟁이 발발하자, 그는 친구들과 함께 미 육군에 자원 입대하여 조국을 위해 복무하였습니다.

홀 상병은 제 2 보병사단 소속의 정예 공수부대인 제 1 레인저중대에서 복무하며, 적진 후방에서의 위험한 작전에 투입되었습니다. 어느 날, 적에게 빼앗긴 고지를 되찾는 작전 중, 그는 기관총이 고장 나자 카빈 소총을 들고 포화 속에서 돌격하였습니다. 적의 수류탄에 부상을 입고도 고지에서 끝까지 싸워 많은 생명을 구하고 아군의 측면을 홀로 지켰습니다.

Scott Valley Junior High
May 9 · 🌐

Mr. and Mrs. Sungyull Koo, of the 6.25 Foundation, honored fallen Army Veteran, Corporal Glenn M. Hall, by making a $5033 donation to our library today for his ultimate sacrifice while fighting against communism in the Korean War. It was a privilege to hold the ceremony in the presence of several of CPL Hall's relatives and three Veterans who not only served in the Korean War, but also attended school in Scott Valley with CPL Hall.

그는 1951 년 5 월 19 일 이 전투 중 전사하였습니다. 그의 용감한 행동은 미 육군 최고 훈장 중 하나인 무공훈장 (Distinguished Service Cross)과 브론즈 스타, 그리고 두 개의 퍼플 하트 훈장으로 인정받았습니다.

전우들은 그의 죽음을 잊지 않고 미국 전역에서 찾아와 그를 영웅이라 부르며 기렸습니다. 그의 이름은 조카의 이름으로도 이어지며, 모든 가족들은 지금도 그를 자랑스럽게 기억합니다. 우리가 찾았을때도 가족들, 베테랑들이 함께 참석하였습니다.

오늘날, 자유를 누리는 한국의 사람들은 글렌 M. 홀 상병의 희생을 잊지 않습니다. 그는 단순한 병사가 아니라, 바다를 넘어선 형제애와 용기의 상징으로 기억될 것입니다.

아이다호 Idaho

이 Camas County Schools 어린이 도서관은 2021 년 10 월 19 일 지미 루카스 일병 (1929 년 8 월 14 일 – 1950 년 11 월 30 일) 과 그의 장진호 아이다호 전우들에게 헌정되었습니다:

- 맥스 레온 베일리 일병
- 리오나드 K. 친 상사
- 찰스 블레인 크로프츠 일병
- 리처드 그랜빌 쿠시먼 중사
- 월러스 라마르 홀 이등병
- 제임스 에드먼드 존슨 중사
- 오티스 폴 마크 상사
- 찰스 매팅리 일병
- 윌리엄 E. 패스킷 일병
- 알튼 레너드 셔츠 중사

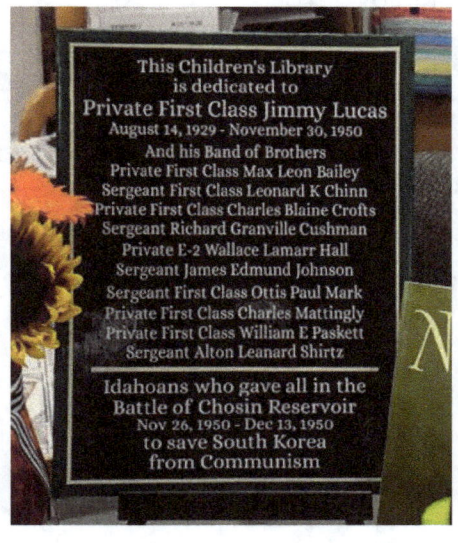

그들은 모두 장진호 전투 (1950 년 11 월 26 일 – 12 월 13 일)에서 대한민국을 공산주의로부터 지키기 위해 산화하셨습니다.

아이다호 주에서는 미군 131 명이 전사하였습니다.

집에서 2,500 마일에 위치한 아이다호 주 Fairfield Camas School 은 시골 학교이며, 학생수 111 명. 그중 초등학생 (유치원~5 학년)이 72 명이며 중등학생 (6 학년~8 학년)이 39 명. 111 명이 도서관 수업시간이 있어서 정규적으로 도서관에 출석합니다.

고등학생(9 학년~12 학년)도 67 명 있으나 30 명 정도가 도서관에 항상 출석하여 각자 공부/연구하고 있답니다.

도서관 이용은 초등학생들이 10:15 부터 11 시, 12:30 부터 고등학생들이 들어와 독자적으로 공부하고, 다시 2:30 부터 다시 초등학생들이 들어와 3:15 까지 공부합니다. 학교는 3:21 분에 파하고요.

한국을 배우는 달 동안 도서관선생님 Roxanne 은 625 재단의 Mrs. 구 가 지은 이야기책을 읽어주는 것으로 시작해서 여러 책을 읽고 두가지 공작품을 만들게 할 예정입니다.

1) 라면그릇을 만들고 털실로 된 라면을 젓가락으로 들어올리는 공작품

2) 한옥 종이 접어 만들기

학생들에게 김치도 맛 보이고 싶지만 그보다는 한국 캔디나 과자를 어린이들이 더 좋아할 것 같다고 하여 6.25 재단에서 공작품 재료인 젓가락과 한옥 종이접기 물품과 한과를 제공하여 도와주기로 했습니다. 그 외에 도서관선생님은 매일 아침 방송으로 한국에 관한 퀴즈문제를 (Trivia) 하나씩 발표할 계획이 있어서 그 문제도 한달분량 작성하는 것을 도와주었습니다.

원래 우리의 제안이었던 "Private Jimmy's Reading Day"하루가 늘고 늘어 한달이 되어버렸습니다.

이미 우송된 한옥 종이접기 외의 젓가락, 한과를 사 들고, 기념 팻말을 제작하여 들고 갔습니다. 19 일에 어린이들과 만나 선생님들과 우리가 같이 루카스 일등병의 기념 팻말을 도서관에 직접 달아주고, 또 재단에서 회원들이 6 월 25 일에 힘 들게 걸으면서 모은 5,033 달러를 도서관후원금으로 전해주었습니다.

아이다호 주의 외진 곳에 있는 아주 작은 지역에 학교 도서관과 어린이들을 통하여 한국을 알리고, 동시에 한국인의 보은의 마음을 알리는 기회가 되리라 믿습니다. 사실은 이런 외진 곳의 학교에서도 어린이들의 시야를 세계로 향하는 교육을 하는데 놀라움을 느꼈습니다.

메인 Maine

메인 주 – 포트 켄트의 아들, 조셉 패트릭 베루비 이병

미국 메인 주 북부의 조용한 마을, 포트 켄트. 이곳의 초등학교에서 우리는 조용하고도 깊은 마음으로 한 젊은이를 기렸습니다. 그는 자유의 이름으로 목숨을 바친 조셉 패트릭 베루베 이병이었습니다.

1934 년 2 월 25 일에 태어난 조셉은 미 육군 제 24 보병사단 소속으로 조국의 부름에 응답했습니다. 그는 1951 년 10 월 20 일, 노마드 작전(Operation Nomad) 중 전사했습니다. 겨우 19 세의 젊은 나이였습니다. 그의 생애는 고국에서 멀리 떨어진 땅에서 끝났지만, 그 희생은 우리 마음 속에 깊이 살아 있습니다.

이 날, 우리는 조셉 이병을 기리기 위해 어린이 독서 코너를 헌정했습니다. 헌정판에는 이렇게 새겨져 있습니다.

"이 어린이 독서 코너는
조셉 패트릭 베루베 이병을 기립니다
1934 년 2 월 25 일 – 1951 년 10 월 20 일
미 육군 제 24 보병사단,
제 5 파병 부대
노마드 작전, 연건리전투 중 전사
그리고
대한민국의 자유를 지키기 위해
고귀한 젊음을 바친
메인 주의 모든 영웅들에게"

이날 우리는 조셉 이병의 동생 외, 교육자, 참전용사, 선생님들과 백여명 학생들, 지역 주민들과 함께 서서 한국전쟁에서 생명을 잃은 메인 주의 수많은 아들들을 기억했습니다. 교장선생님이 반가히 맞아주고, 오늘 기념하는 Private Berube 의 친동생도 오셔서 반갑게 인사 나누었습니다.

동생분은 Korean War 는 Forgotten War 며 많은 젊은이들이 희생됐다며 언짢은 모습을 보였지만, 식이 끝난 후에는 마음이 누그러지고 우리 재단일에 감사한다며 자신도 $2,000 불을 보태 도서관은 $7,033 을 받게됐지요. 좋은 성과였습니다.

이제 그들의 이름은 아이들의 독서 공간 속에 살아 있으며, 다음 세대의 꿈과 배움의 씨앗이 되고 있습니다. 포트 켄트는 우리가 미국 전역을 돌며 이어가는 여정에서 또 하나의 뜻깊은 이정표였습니다. 이 여정은 감사와 기억, 그리고 사람을 잇는 길이었습니다.

유타 Utah

Amelia Earhart School, Provo, Utah
대서양을 혼자 비행기조정해 처음 건넌 Amelia Earhart 를 기념하는 학교입니다.

사무엘 번 웨스터먼 중위는 1927 년 4 월 4 일 유타에서 태어나 미 육군에 입대하였고, 제 2 보병사단 제 38 야전포병대대 A 포대 소속으로 한국전쟁에 참전하였습니다.

1950 년 11 월 말, 유엔군이 압록강 인근까지 진격한 직후, 30 만 명에 달하는 중국군이 갑작스러운 반격을 개시하였습니다. 웨스터먼 중위가 소속된 부대는 군우리에서 순천으로의 후퇴 중 적의 강력한 저지선을 뚫으며 격렬한 전투를 벌였습니다. 이후 웨스터먼 중위는 위협받는 지역에 포격을 유도하기 위해 적의 관측에 노출된 전방 위치로 나아갔으며, 때로는 자신으로부터 불과 100 야드 떨어진 지점까지 포화를 유도하기도 했습니다. 이후 적군은 반격을 감행하였고, 웨스터먼 중위는 이 전투에 참여하여 포병 사격을 지휘하고, 카빈총과 권총으로 직접 사격을 가했습니다. 치열한 전투와 백병전이 벌어졌고, 아군은 끝까지 완강히 저항했으나, 압도적인 적의 세력 앞에 열세를 인정하고 주요 고지를 후퇴하며 내주게 되었습니다. 웨스터먼 중위는 이 과정에서 적의 총탄에 피격되었고, 응급처치를 받았으나 후송을 거부하고 다시 부대로 복귀하였습니다.

부대가 다시 그 거점을 공격했을 때, 웨스터먼 중위는 포병 사격을 능숙하게 지휘하여 전진 중인 보병 앞에 강력한 포화를 퍼부었습니다. 그리하여 고지를 탈환한 뒤, 그는 원래의 위치로 복귀하여 계속해서 집중 포화를 유도했고, 철수 명령을 받았을 때도 웨스터먼 중위는 부대의 질서 있는 후퇴를 엄호하기 위해 후위에 남아 방어 사격을 이어갔고, 이 과정에서 전사하였습니다. 그의 유해는 아직까지도 수습되지 못했습니다. 웨스터먼 중위의 비범한 용기와 희생적인 행동은 미 육군에서 두 번째로 높은 무공훈장인 수훈 십자훈장(Distinguished Service Cross)으로 추서되었습니다.

이 어린이 논픽션 도서관은 웨스터먼 중위와, 한국전쟁 중 생명을 바친 유타주 출신 140 명의 용사들의 기억을 영원히 기리기 위해 헌정됩니다. 그들이 지켜낸 자유 위에서 오늘날의 한국 어린이들은 평화롭고 밝은 미래를 살아가고 있습니다. 우리는 이 숭고한 희생을 결코 잊지 않을 것입니다.

한국전쟁(Korean War)은 36,516 명의 미국 청년들이 목숨을 바친 전쟁이었습니다. 저희 부부는 그들의 희생을 잊지 않고, 깊은 감사의 마음을 담아 고향을 찾아 헌정의 길을 걸어왔습니다.
이 조용한 여정이 오늘의 자유를 누리는 한국 어린이들에게 작은 본보기가 되기를 간절히 바랍니다.

Best Days of Our Lives

We are the Romantic Generation. 우리는 LP 와 도나쓰판으로 들은 오래된 노래들,
Where have all the flowers gone? (1955), Blowing in the Wind (1963), 맨발의 청춘
(1964), Scott McKenzie 의 San Francisco (1967)을 들으며 자라온 세대다.

Covid 에, old age 에, short memory 에, 많이 변해가는 때다. 옛날에는 GPS 없이 어떻게
운전했는지? 지금 지도만으로 길을 찾을 수 있을까 궁금하다. 이제 GPS 없는 39 년 된 차
고쳐 놨으니, 어디, 지도만 가지고 카나다 가볼까?

요새는 총 들고 니꺼는 내꺼 하는 강도들 왜 그리 많은지? 남을 강탈하는 게 꿈이
아닐텐데. 또, 차별을 받았다는 주장도 왜 그리 많은지? 왜 이렇게 하는 것들은 없으면서
이것저것을 해달라는 사람들은 많은지? 대학교 때 영어 학생모임을 시청 앞 USIS
빌딩에서 하면서 구호로 쓴 JFK 의 1961 년 취임식때 말을 다시 외치고 싶다.
"Ask not what your country can do for you-ask what you can do for your country."

보기 싫은 게 많아 기억도 하기 싫지만 그래도 아름다운 추억은 간직하려고, 요샌 기억력
보존하는 데는 마늘이 좋다 해 자주 밭에서 마늘을 뽑아 질겅질겅 하는데 이것도 잊어먹는
날이 대부분이다. 이층의 오래 된 세면대를 바꾸려 Home Depot 에서 새로 sink 를 샀는데
너무 무거워, James the Plummer 가 오면 둘이 맞들어 올리면 되겠다 하고 기다렸다.
그런데 오늘 아침 James 가 일찍 와서 한 손으로 쑥 들고 이층으로 올라간다. 제길.

근래에 눈까지 나빠져 미끼 끼기 힘들고 헤엄치는 물고기가 안보여 낚시는 그만뒀지만,
낚시는 골프와 비슷한 점이 많다. 둘 다 혼자 하는 스포츠고, 낚시를 담그고 우끼의
움직임을 따를 때, 고기가 움직인 지점에 fly 던져 놓고 미끼 물을 때까지 정신 집중하기는,
골프에서 목표물을 보고 거리와 바람을 재고 정신 집중할 때와 다를 게 없다. 난 꼬마 시절
아버지 따라, 대학교 때는 사촌형과 금촌, 문산 수로를 찾았고, 가끔 준용이와도 휴전선
근처로 가서 캠핑과 낚시주말을 보내기도 했다. 수로낚시는 아현동에서 기차 타고 문산,
금촌으로 가서 하루 종일 뙤얏볕에서 한 마리도 못 잡고, 주막에 들려 도라무통 위에다
구워 주는 장어 안주에 대포 마시고 돌아오는 즐거운 하루, 이제는 영원이 사라진 한국의
수로낚시였다.

한번은 아버지와 저수지 밤낚시를 갔는데 낚싯줄이 끊어졌다. 줄을 갈라고 하시는 말 듣지
않고, 끊어진 줄을 이은 다음 지렝이 끼어 놓고 기다리다 잠이 들었나? 갑자기 "애야!"
하시는 바람에 벌떡 눈 뜨니 내 낚싯대가 저 앞 물 위에 떠있다. 대어 한 마리 놓쳤구나
하고 옷 입은 채 물속으로 걸어 들어가 낚싯대를 들으니 고래 만한 붕어가 물속에서 나와
나를 쳐다보는데, 카바이트 등불에 비친 그 붕어 얼굴이 아직도 생각난다. 깜작 놀란 통에
낚시대를 놓치니 또 끌고 간다. 정말 놓쳤구나 하고 더 걸어 들어가 낚싯대 끝을 잡고
올리는데, 야! 대어도 이런 대어가 있을 수가 없다. 이번엔 안 놓치려 무거운 놈 천천히

조심해 잡아 올리는데, 아이구 맙소사, 줄이 끊어진다. 나무아미. 젖은 옷 그대로 주저앉아 줄을 자세히 보니 끊어진 게 아니라 내가 연결한데가 풀어져 있었다!

2007 년에 집사람이 Met 박물관 동료들과 독일 중세미술 공부여행을 가는데, 우리 둘이는 얼마간 같이 여행하다 중간에 헤어지기로 했다. 창화는 동료들 만나는데 데려다 주고 나는 혼자 grayling 낚시하러 오스트리아로 갔다. Grayling 은 흐르는 물에 살지만 꼭 붕어같이 생기고 이쁘기 짝이 없다. 여름에는 fishing lodge, 겨울에는 사냥 lodge 인 Hoteldorf Gruner Baum 을 찾아가 숭어는 그만두고 grayling 낚시를 하는데 이틀 동안 딱 한 마리. 대신 가이드 한스와 이 동네 저 동네 구경한 생각이 난다. 물론 이 주막 저 주막에서 맥주 아니면 Gruner 꼭 한 잔씩 마시며.
쓰다 보니 fish 얘기가 되 버렸네.

작년 삼월 초에 런던과 소피아 (Sofia) 가겠다고 시간 들여 착착 준비한 여행을 코비드로 포기했었는데, 비행기 회사와 호텔들이 환불은 어렵지만 돈 다시 안내고 오라 해 망서리다 11 월말에 가기로 했다. 방문객 환영한다지만, 지난 삼월에 백신 맞고 미국을 차로 한달 여행 떠날 때 어떨지 몰랐던 느낌이 다시 찾아올 것 같다. 많은 친구들이 왜 위험을 무릅쓰고 가느냐고 한다. 델타 바이러스 가 극성인데 정말 갈 수 있는 건지 착잡했다.

이란 여행 갔을 때도 마찬가지였다. 시리아를 처음 갔을 때도.
모름에서 오는 불확실하고도 설레는 마음이랄까? Facing the Unknowns, Challenges and Curiosity 다. 이란 갔을 때는 영국 Wild Frontier 여행사와 계획했기에 어느정도 안심은 했지만 혹시 혁명군들에게 잡혀 총살대에 서게 되면, 마지막으로 둘이 손잡고 찬송가 'Lead Me, Guide Me' 부르고 우리나라 만세 부르자고 가사까지 준비했던 적도 있다.

이번은 거의 2 년만에 비행기 타는거다.
Sunningdale G.C. 에서는 11 월에 닫지만 one off 로 와 치라 한다. New Course 와 Old Course 한 번씩 친 후에 Royal Cinq Port 로 가서 한번 치고, Vera Lynn 의 "There'll be Bluebirds over the White Cliffs" 노래만 듣고 있는 White Cliffs of Dover 를 구경하는 계획이다. 영화와 사진으로는 많이 본 경치지만 내가 좋아하는 장면은 Buzz Rickson (Steve McQueen) 이 조정하는 B-17 Flying Fortress 가 넘지 못하고 White Cliff 에서 불덩어리가 되 사라지는 장면이다. Sunningdale 은 옛 친구며 꼴푸 파트너였던 Mike Aitken 의 아버지가 맴버였고, Pine Valley 에서 알게 된 Jim E 가 맴버인데, 만나 같이 치면 좋겠다.

Dover 에서 런던으로 와 British Museum, Royal Gallery 와 Tate 를 관람한 후 Bulgaria 와 Venice 에서 일주씩 보내고, 그 다음 빠리에 가서 닷새 지낸 후 돌아오는 여정이다. 통틀어 근 한달. 3 월에 Pittsburg 들렀을 때 Warhol Museum 구경했는데 Marilyn Monroe 는 Tate 에 있다하니 구경간다.

겨울 유럽은 도시마다 Christmas Market 이 있고 off-season 이라 사람도 없는 좋은 계절이다. 2 년전 겨울 Venice 에 갔을 때는 물이 잔뜩 들어 높은 장화신고 걸어 다녔는데 이제 물막이 장치가 작동해 물이 안 들어온 댄다. 그 많은 밀물을 어떻게 막을까?

1570 년에 Strasbourg 에서 시작된 Christmas Market 은 미국에도 요즘 생기고 있다. 유럽 많은 나라들의 전통이지만 독일, 불란서, 이태리가 손을 꼽는데 그중 독일이 제일이다. 크리스마스 분위기에 맛있는 전통음식들을 맛볼 수 있으니 Street Food 의 원조다. 돼지요리를 좋아하면 Christmas Market 의 애저돼지 구이가 최고다.

아직 못 가본 곳들, Caucasus, Baltics, Oceania, 등등 많지만 이번에는 옛날 부터 가보고싶던 불가리아를 택했다. 불가리아에 가면 우리가 좋아하는 비잔틴 교회들, 고대 문명지들과 흑해가 있다. Sofia 에 있는 Boyana Church 와 가까운 곳에 Rila 가 있고 Ivanovo 에는 바위속에 교회들이 있는데 이곳 벽화와 함께 UNESCO site 들이다. Thracian 무덤 두 곳이 있는데, 갈 수 있을지 모르겠다. 창화가 흑해에 가 발을 담그고 싶어해 항구도시 Old Port Nessebar 를 구경하려는 데 여기에 5 세기에 지은 Hagia Sofia Church 외에 교회가 40 군데가 있다. 그러나 진짜이유는 세계제일이라는 Nessebar 의 홍합요리다. 여기서 Local 들과 Bulgarian Pagan Dance 춰볼까? 불가리아는 유럽에서 제일 오래된 나라로 나라이름이 6 세기부터 시작됐고 Pagan Thracian 의 문화가 유럽의 기반이됐다. 이게 불가리아 여행이다.

쏘피아에서 베니스는 직행 Ryan Air 가 있다. 이 Airline 은 편도표가 20 불인데 이것저것 보태면 쉽게 백불이 되는 airline 이다. 이번도 여지없이 백불을 냈다.

여행하다 보면 대개 또 가고 싶은 곳과 한번이면 충분하구나 하는 둘로 갈리는데, 베니스는 항상 가고 싶은 곳이다. 1983 년이다. 떠나기 전날 야구하다 발을 다쳐 기부스 한 채로 처음 가봤다. 몇일동안 너무 신기해 집사람한테 기대고 쩔뚝거리며 수많은 다리를 오르락내리락 거리들을 걷던 생각이 난다. 그 후 여러 번 가본 베니스 다. 요즈음은 정명훈이 지휘하는 La Fenice 오페라 씨즌에 맞춰갔다. 이번에는 베토벤의 Fidelio 와 Symphony No. 9 을 보러 간다.

Venice 에는 이태리 친구가 둘 있는데 옛날 Generali NY 사무실이 고객일 때 사귄 친구들이다. 가끔 갈 때 연락하면 우리 데리고 베니스 구경 시켜주는데 관광객들이 모르는 뒷길 동네를 보여준다. 한번은 동네교회에 들어가니 Tintoretto 가 가득 있어 얼마나 신났는지. 거기에 점심까지 사줘 이젠 연락하기가 미안하다. 얼마전 집사람과 둘이 돌아다니다 내 notebook 을 우물가에 놓고 한참 후에나 알아차리고 뛰어 돌아갔는데 없어서 얼마나 힘이 쭉 빠졌었는지. 이것저것 많이 쓰고 여행 스케치도 많이 했는데. 다행히 Harry's Bar 에서 한 스케치 한 장은 사진을 찍어 놔 내 시집에 쓸 수 있었다. Hemingway 의 hangout 으로 알려진 Harry's Bar 는 Bellini 칵테일로 인기를 끈다. 또 하나 Venice 에서 잘 알려져 있는 건 Spaghetti al nero di seppia 다. 베니스 만에서 잡은 통통한 오징어와 그 오징어 ink 를 써서 만드는 입안에서 슬슬 녹는 요리다.

그런데 왜 이태리에는 제 것도 아닌데 가져가는 사람들이 많나? 돈가치 없는 수첩도 가져가는 건 스케치들이 마음에 들어서일까? 웃긴다.

1980 년도 내 사무실이 뉴욕 Downtown Broad St. 에 있었을 때 하루 도둑이 들어와 딱 유화 한 점만 훔쳐갔다. 벗 오천룡 화백의 Grand Palais 가 보이는 풍경화 명작이다. J. Pocker 에서 액자를 맞춰 조명을 멋있게 해놓고 걸어 놨던 그림이었는데 얼마나 섭섭했었는지. 그 이야기를 나중 오화백이 듣더니, "영광이네, 그림을 좀 아는 도둑이었구나." 웃으며 풍경 한폭을 다시 그려줘 집안의 가보가 됐다. 이 그림은 뉴욕 고층건물 뒤에 Central Park 이 보이고 청명한 날씨에 뭉게구름 사이로 비행기가 나르는 뉴욕의 전형적인 분위기를 표현한 명작이다. 이제 재단을 시작해 기금조성 목적으로 재단에 기증했는데 섭섭하게 아직 구입 흥미 보인 사람은 없다.

잃어버린 수첩이야 돈 가치는 없지만, 아주 오래 전 로마에 갔을 때 몹시 더워 식당에서 점심 먹으며 시계를 풀어놨다가 깜박해버렸다. 몇 분 후 돌아갔더니 모두 모른 체들 한다. 너무 실망해 Carabinieri (National Police)에 가 찾아달라 했더니, "마누라 잃어버렸다고 찾아와도 못 도와주는데, 시계요?" 영원이 잃어버렸다. 이 시계는 약혼 때 아내가 자기 저금통장을 톡톡 털어 사준 Rolex 였는데 말이다. 그 이후 난 시계 없이 살아왔다.

이러한 실망이 있었지만 이태리는 항상 정답다.

로마에 처음간 게 1965 년 봄이었다. Torino 에서 ILO 를 견학하고 Aosta 로 가 그곳
학생들과 Courmayeur 에서 치즈에 붙어있는 구데기 털며 점심 먹고, 이제 다음 목적지인
제네바를 가야 한다. 그곳 사람들 특히 젊은이들은 hitchhike 을 한다 해 나도 해보려고
길에 서서 엄지손가락 올리고 손을 들으니 한 차가 선다. 그 방향 간다 해 얻어 탔는데,
웬걸, 산꼭대기에서 날 내려주고 손으로 방향 가리켜주며 떠난다. 고맙다 하고 그쪽 길에
서서 차를 기다리는데 오는 차는 보이지 않고 날은 어둡기 시작이다. 슬슬 조바심이 나고
보이는 건 여기저기 쌓인 눈덩어리들. 할 수 없지 하고 더 기다리는데 저기서 통통통하며
쪼끄만 차가 와 선다. 안에는 할아버지와 할머니, 뒷자리에 트렁크 들고 쭈구리고 앉으니
할머니가 빵에 치즈 넣어 먹으라고 준다. 이 친절했던 이태리 노 부부님 자주 기억한다.

그렇게 스위스, 영국, 불란서에서 삼 개월 지내고 로마 행 비행기 탔다. 돈은 이미 떨어져
벌써 하루는 굶었고 비행기에서 줄 저녁만 고대하고 타니 생각대로 맛있는 저녁을 준다.
순식간에 비우고 앉아있는 게 안되 보였는지 옆자리 아저씨가 자기 사과를 건네준다. 알고
보니 미국아저씨. 갈 데가 있냐 묻기에 물론이지요 하고, 로마 Youth Hostel 주소를
보여주니 웃으며 알겠다 한다. 이얘기 저얘기하다 로마에 내리니 나를 Tokyo Bar 로
데려가 맥주 한 잔 사주며 내가 가지고 있던 한국돈 한 장을 벽에 꽂는다. 둘러보니
여러나라 지폐들이 잔뜩 전시되있는데 한국지폐는 없었던 모양이다.

날이 늦었으니 자기집에서 오늘은 지내라 해 사양할 처지가 못된 경우라 따라가니 좋은
아파트에 산다. 쿨쿨 잘 자고 아침도 잘 얻어먹고, 인사하고 떠나는데 자기가 바로 옆
pensione 에 방을 잡아놨으니 거기에 있으라고 하며 돈까지 몇 푼 준다. 아저씨는 오늘 또
떠나야 된다며. 이 길 이름은 Via Gregoriana 이며 아저씨 이름은 Walter. 한참 이후
로마에 갈 때 마다 그 집 앞을 지나지만 이미 로마를 떠나셨는지 찾아 뵐 길이 없다.

요즘은 베니스에서 빠리로 가는 비행기는 EasyJet 이 제일 편한 것 같다. 기차타는 식으로
자기가 수속해야지만 일단 익숙해지면 편하다. 빠리에 와선 많은 동네에 있어봤지만
이제는 Saint Germain 으로 정해진 것 같다. 묵었던 Hotel Duc De Saint Simon, K+ K
Hotel Cayré, Hôtel Récamier, 모두 이 동네에 있다. Saint Sulpice 옆에 있는 Hôtel
Récamier 는 참 맘에 들어 social media 에 칭찬을 잔뜩 해줬더니 금방 값을 올렸다. 이런
곳이 한두 군데 아니어서 이젠 칭찬은 안하고 모자란 것만 지적해주기로 했다.

이번에는 호텔을 Madison 으로 정했다. 친구 Belden 과 자주 빠리 정보 교환하고 했었는데
Belden 이 돌아가기전 추천해준 호텔이라 좀 비싸지만 여기에 들기로 했다. 여기도 Saint
Germain 중심지이고 방에서 Saint-Germain-des-Prés Abbey 가 보인다.

2018 년 3 월이 마지막 빠리 여행이었으니 3 년반이나 됐다. 빠리 하면, 에펠탑과 까페다.
갈때마다 찾는 에펠은 꼭 피라밑 같다. 보구보구 또 봐도 또 보고싶다. 까페는 얼마든지
앉아있어도 누가 뭐라지 않아 지나는 사람들 구경, 옆에 앉아있는 사람들 구경, 친구들과
애인과 잡담하는 자리가 까페다. 까페의 원조 다마스커스나 알렙보 까페들이 빠리 까페와
같아, 차 한 잔만 시키고 오래들 앉아 물담배 빨고 있으니 장사들이 되는지 걱정이지만,
앉아있는 공간으로는 최고다. 빠리 까페에서도 물담배 필 수 있으면 좋겠다.

1997 년 새 사업 시작해보려 다마스커스로 가던 중 카이로에 들려 Windsor 호텔에 묵으며 길 건너 꺄페에 앉아 Egyptian coffee 에 물담배 빨며 시리아는 어떤 나라일까, 일이 제대로 될까 셀레며 앉아있던 때가 생각난다. 그 Windsor 호텔에 정이 들어 2 년전 성가족 애급 피난 자취를 따르며 카이로에 갔을 때 들렀더니 주인을 만나게 되 위스키소다 마시며 담소를 나눴다. 여기는 옛 English Officers Club 이었으니 물론 drink 는 whiskey and soda 다.

65 년 처음 왔었던 이후 오고 또 오는 빠리. 그 중 생각나는 건 정명훈이 Opéra Bastille 데뷰 Les Troyens 오페라 할 때 구두를 잊고 안 가져와 첫 막을 뽀트같은 내 신을 신고 지휘를 했는데 내 신이 커서 넘어질 뻔한 기억이다.

또 한 번은 딸들과 넷이 빠리에 갔었을 때 오화백과 연말을 같이 지냈는데, 오화백이 빠리의 유명한 생굴을 몇 상자 사가지고 와 자기 아뜰리에에서 직접 까주어 실컷 먹은 다음, 샴펜 들고 에펠탑 밑으로 가 서로들 Bonne année! 했던 기억이다. 내 쉰살 생일에 빠리에 왔을 때는 오화백이 Beaujolais Nouveau 를 소개해주고, 뽕삐두에서 열린 칸딘스키 전시회에 같이 가 그림 한장한장 설명해준 큰 대접받은 후 난 지금도 매년 11 월에는 꼭 Beaujolais Nouveau 로 가을을 축하하고, 또 MoMA 와 Guggenheim 에 들릴 때마다 Kandinsky 를 찾는다.

그래도 나한테는 "홈쓰빵 입고, 바바리 걸치고 광낸 구두 신고, 갈루아즈 담배 한대 물고 깔치마누라 끼고 쎄느강가 걷는 게" 빠리다. 그래서 오구 또 온다.

그럼 이번 닷새는 뭘 할까? Christmas Market 구경하구 꺄페에 앉아 덜덜 떨다가 어디 가서 생굴 먹구, 복구하고 있는 Notre Dame 앞에 앉아 Piaf 노래 들으며 포도주 마실까?

이제 내 나이 80.
New adventure begins. Yes!
Not quite ready to sing *MY WAY* yet.

창화를 처음 만났을 때

Friends often ask me how I met Changwha.

Well, when I was a little boy, I once saw a little girl struggling to cross a muddy rice paddy. She couldn't find her footing, so I took her hand and guided her to the path. From then on, we would walk that paddy path together, always hand in hand.

Years passed, and I became a young man eager to see the world. I boarded a boat and found myself on a tropical island. One moonlit night, I saw a beautiful maiden singing and dancing under the stars. It was a brief, dreamlike moment— but her image stayed with me for years.

More years went by.

Then one day, of all places, I met a young woman at a Korean church. To my surprise, she was the same little girl from the rice paddy… and the same maiden from that moonlit island.

You know the rest.

We built a life together. Two wonderful daughters, two fine sons-in-law, and now, four precious grandchildren.

Thank you, Lord.

사람들이 종종 나에게 묻습니다. "창화 씨와는 어떻게 만나셨어요?"

어릴 적, 진흙탕 논을 건너기 힘들어하는 작은 소녀를 보았습니다. 나는 그녀의 손을 잡고 논길로 이끌어 주었죠. 그때부터 우리는 늘 손을 잡고 그 논길을 함께 걸었습니다.

세월이 흘러, 나는 세상을 보고 싶어 배를 타고 여행을 떠났습니다. 그러다 어느 열대 섬에 도착했는데, 달빛 아래 노래하고 춤추는 아름다운 아가씨를 보았습니다. 아주 짧은 순간이었지만, 그 모습은 오래도록 제 마음에 남아 있었습니다.

더 많은 시간이 흘렀습니다.

그리고 어느 날, 뜻밖에도 뉴욕퀸즈한인 교회에서 한 젊은 여성을 만났습니다. 놀랍게도, 그녀는 바로 그 논길의 소녀였고, 그 열대섬의 아가씨였습니다.

나머지는 여러분도 아시지요.

우리는 인생을 함께 꾸려 나갔습니다. 소중한 두 딸, 좋은 사위둘, 그리고 사랑스러운 네 손주,

주님, 감사합니다.

모세 산에서 내려오는 길

『50 Stories』의 모든 판매 수익은
모든 것을 바친 분들을 기리며
6.25 재단에 바칩니다.

The proceeds of 50 Stories are dedicated to the 6.25 Foundation,
in honor of those who gave all.

제비도 은혜는 잊지 않는다.

625FOUNDATION.ORG

www.ingramcontent.com/pod-product-compliance
Lightning Source LLC
Chambersburg PA
CBHW071748120626
46550CB00002B/708